Michael Niehaus

Macht/Phantasie

Eine Betrachtung zu J.R.R. Tolkiens *Der Herr der Ringe*

Über den Autor:

MICHAEL NIEHAUS, geb. 1959, von 2010 bis 2014 Professor für *Neuere deutsche Literatur – Intermedialität/Interkulturalität* an der TU Dortmund, ab Oktober 2014 Professor für *Neuere deutsche Literatur und Medienästhetik* an der FernUniversität Hagen. Letzte Buchveröffentlichungen: *Das Buch der wandernden Dinge* (2009); *Erschöpfendes Interpretieren. Eine exemplarische Auseinandersetzung mit Heinrich von Kleists „Das Bettelweib von Locarno"* (2013). Arbeitsschwerpunkte: Erzählliteratur des 19. bis 21. Jahrhunderts, Literatur und Institution, intermediale Narratologie, populäre Erzählformate.

Michael Niehaus

Macht/Phantasie

Eine Betrachtung zu J.R.R. Tolkiens *Der Herr der Ringe*

Bibliografische Information der Deutschen Nationalbibliothek
Die Deutsche Nationalbibliothek verzeichnet diese
Publikation in der Deutschen Nationalbibliografie;
detaillierte bibliografische Daten sind im Internet
über http://dnb.ddb.de abrufbar.

www.oldib-verlag.de
Oldib Verlag Oliver Bidlo
Waldeck 14
45133 Essen
www.oldib-verlag.de

Herstellung: BoD, Norderstedt

ISBN 978-3-939556-44-2

Inhaltsverzeichnis

Einleitung 7

1. Anfang 11
Kein Anfang (11) – Vorarbeiten (13) – Rezeptionsanfänge (15) – Nachträglichkeit (16)

2. Hobbits 21
Unwissende Kinder (21) – Politische Verfassung (23) – Anfälligkeit (25)

3. Religion 29
Transzendenzmangel (29) – Religion phantasieren (31) – Rückwärtsgewandtheit (36)

4. Ringe 43
Der Schatten der Vergangenheit (43) – Die Idee des Rings (44) – Der Ring und die Ringe (49)

5. Mächte 53
Böse Macht und gute Macht (53) – Magie und Maschine (59) – Tom Bombadil (67)

6. Reiche 77
Was ist ein Reich? (77) – Königtum (81) – Das Reich des Bösen (86) – Orks (90)

7. Rat **97**
Ratschläge (97) – Elronds Rat (100) – Andere Beratungen (104) – Treue (108)

8. Phantasie **113**
Über Märchen (113) – Elbenkunst (116) – Unglauben und Glaubenszwang (121) – Eukatastrophe (126)

Literatur **133**

Einleitung

Was ist Macht? Soziologisch gesehen wird sie häufig definiert als „jede Chance, innerhalb einer sozialen Beziehung den eignen Willen auch gegen Widerstreben durchzusetzen, gleichviel worauf diese Chance beruht".[1] Solche Chancen gibt es immer: Alle sozialen Beziehungen und Verhältnisse können unter dem Aspekt der in ihnen wirksamen Machteffekte beschrieben werden: „Nicht weil sie alles umfasst, sondern weil sie von überall herkommt, ist die Macht überall."[2] Sie gleicht einer Substanz, die unsere ganze soziale Welt durchdringt. Das führt letztlich in die *Mikrophysik der Macht*.

Diese Betrachtung geht davon aus, dass eine solche Auffassung einseitig ist, weil sie die *imaginäre* Dimension ausblendet, ohne die das Phänomen Macht nicht gedacht werden kann. In ihr gibt es das *Gefühl* der Macht, das sich etwa in der Machtausübung durch „Wehetun" und durch „Wohltun" einstellt.[3] Und nur in dieser Selbstbezüglichkeit kann Macht auch als etwas erscheinen, das sich selbst im Machtzuwachs genießt oder nach einem Machtzuwachs verzehrt.[4] Kraft ihrer imaginären Dimension vermag die Macht sich der Subjekte, die sie ausüben, zu *bemächtigen*. Dieser imaginäre Anteil der Macht ist nicht bloß imaginär, sondern außerordentlich wirksam.

Die imaginäre Dimension wird greifbar in der *Phantasie*.[5] Im psychoanalytischen Sprachgebrauch versteht man unter einer Phantasie ein „imaginäres Szenarium", eine „imaginäre Welt".[6] Phantasien wären somit eine besondere Form des Imaginären, in denen sich das, was die Seinsweise des Imaginären hat, gleichsam auf einer Bühne und in einem Geschehen konkretisiert. Betrachtet man das Verhältnis von Phantasie und Macht, so ist dieser Unterschied leicht begreiflich: Eine Machtphantasie ist eine Phantasie, in der sich das Subjekt mit einer imaginären Macht ausstattet. Für sie ist evident, was die Psychoanalyse für alle Phantasien behauptet: dass sie eine Wunscherfül-

[1] Weber: Wirtschaft und Gesellschaft. Grundriss der verstehenden Soziologie, S. 38 (Kap. 1, § 16).

[2] Foucault: Der Wille zum Wissen. Sexualität und Wahrheit. Bd. 1, S. 114.

[3] Nietzsche: Die fröhliche Wissenschaft, 1, Nr. 13.

[4] Vgl. etwa Canetti: Masse und Macht, S. 227.

[5] Vgl. zur Begrifflichkeit etwa Iser: Das Fiktive und das Imaginäre, S. 21ff.

[6] Laplanche/Pontalis: Das Vokabular der Psychoanalyse, S. 388.

lung nach Art des *Tagtraums* ist. Das Subjekt hat die *Macht* zu dieser Form der Wunscherfüllung, weil das „Eigene der Phantasie", so Edmund Husserl, ihre „unbedingte Willkürlichkeit" ist.[7] Die Phantasie ist – mit anderen Worten – ein *Reich*.

In diesem Reich spielen sich *Geschichten* ab, in denen sich im Falle der Machtphantasie die Wirkungen des Wohltuns und des Wehetun ereignen. Entsprechend hat Freud in *Der Dichter und das Phantasieren* die Tätigkeit des Phantasierens einerseits vom kindlichen Spiel abgeleitet und andererseits als Vorform der dichterischen Tätigkeit aufgefasst: „Jedes spielende Kind benimmt sich wie ein Dichter, indem es sich eine eigene Welt erschafft".[8] Es sind die „anspruchsloseren Erzähler von Romanen, Novellen und Geschichten", bei denen die Analogie zum Tagtraum ihm zufolge greifbar wird; Indikator dieser Anspruchslosigkeit sei die Gegenwart eines unverletzlichen Helden, in dem man ohne Mühe „Seine Majestät das Ich" erkenne, „den Helden aller Tagträume wie aller Romane".[9]

Die hier wirksame Logik ist nur scheinbar trivial. Freuds Herleitung des dichterischen Phantasierens aus dem Tagtraum hat den Vorteil, dass sie die strukturelle Kopplung von Phantasie und Macht vor Augen stellt. „Hat Kunst psychoanalytische Wurzeln, dann die der Phantasie in der von Allmacht", stellt Adorno lakonisch fest.[10] Zugleich aber ist die Wunscherfüllung – für uns selbst und für andere – nur dann *akzeptabel*, kann sie nur dann dem Helden oder der Heldin zuteilwerden, wenn sie *verdient* wurde. Die Geschichten stellen vor die Frage nach dem Sieg des *Guten*. Das Gute soll *herrschen*. Es soll eine *Macht* sein.

Es gibt eine literarische Gattung, in der diese Verhältnisse in reiner Form zu Tage treten. Für diese Gattung hat sich nicht von ungefähr der Name *Fantasy* eingebürgert. Die Gattung *Fantasy* ist der Ort des Kurzschlusses von Macht und Phantasie – der Ort, an dem sich die Tautologien und Aporien des Verhältnisses von Macht und Phantasie entfalten. Die phantasierte Welt wird hier erstens zu einer in sich geschlossenen und in sich konsistenten Sekundär-

---

[7] Husserl: Phantasie, Bildbewusstsein, Erinnerung, S. 535.

[8] Vgl. Freud: Der Dichter und das Phantasieren, S. 171.

[9] Freud: Der Dichter und das Phantasieren, S. 176.

[10] Adorno: Ästhetische Theorie, S. 21.

welt, in der zweitens ein Held eine Aufgabe zu bewältigen hat und drittens die Macht sich zur Magie verdichtet. Diese drei Merkmale werden häufig für die inhaltliche Definition der Gattung herangezogen.[11]

Der folgende Versuch über das Verhältnis von Macht und Phantasie widmet sich dem Inbegriff der *Fantasy*-Literatur: J.R.R. Tolkiens *Der Herr der Ringe*. Ziel ist nicht eine Exegese, sondern die Erschließung dessen, was in diesem Werk ‚am Werk' ist. Diese Erschließung soll die Form einer *Betrachtung* haben, insofern sie sich dem Text überlässt und sich die Denkbewegung von ihm vorgeben lässt. Dabei gilt es den *Herrn der Ringe* einerseits im Hinblick auf die Logik der Gattung zu denken und andererseits als Ort aufzufassen, an dem die Konjunktion von Macht und Phantasie durchgearbeitet wird. Nur im Medium der Literatur ist dies möglich.

Kein anderes Werk der *Fantasy*-Literatur käme für ein solches Unterfangen in Frage. Tolkiens etwa 150 Millionen Mal verkauftes *Opus magnum* ist das Modell und der Referenztext dieser Gattung, einer der wirkmächtigsten Texte der Weltliteratur und gewiss der folgenreichste des 20. Jahrhunderts. Erst mit dem Erfolg von *The Lord of the Rings* in amerikanischen studentischen Kreisen in den 1960er Jahren setzt sich die Gattungsbezeichnung *Fantasy* endgültig durch.[12] Zwar liegt es in der Natur der Sache, Ahnherren und Vorgeschichten der Gattung zu benennen, aber erst mit Tolkiens Werk realisiert sich die Logik der Gattung.[13] In gewisser Weise lässt sich die nachfolgende Geschichte der *Fantasy*-Literatur dann als eine Nachgeschichte auffassen – als eine Geschichte der Nachahmungen und Abgrenzungsbemühungen.

Man könnte sich darüber wundern, dass die Gattung *Fantasy* erst Mitte des 20. Jahrhunderts zu ihrer Form gefunden hat, da sie das dichterische Phantasieren doch auf unmittelbarste Weise zu realisieren scheint. Das hieße den Voraussetzungsreichtum dieser Gattung gründlich verkennen. Er ergibt sich

---

[11] Vgl. etwa Pesch: Fantasy, S. 33ff. Die Sekundärwelt kann – in einem anderen Typus – auch ‚offen' sein, wenn sie durch Umsteigepunkte oder Schleusen (Türen, Schränke, Spiegel usw.) von ‚unserer Welt' aus betreten werden kann; vgl. Nikolajewna: The Magic Code, S. 35ff.; Prestel: Wundersame Wirrnis, S. 36.

[12] Vgl. Pesch: Fantasy, S. 29ff.

[13] Pesch hat eine chronologische Liste erstellt, beginnend mit James MacPhersons *Poems of Ossian* (1762) – also einer Phantasie als *Fake* – und William Beckfords – wohl eher allegorischem – *Vathek* (1786); vgl. Pesch: Fantasy, S. 217ff.

schon daraus, dass es *Fantasy* zunächst und zumeist in Form von Romanen oder sogar Romanzyklen gibt: Nur die Romanform ist geeignet, eine in sich geschlossene fiktionale Phantasie-Welt zu erzeugen, die – im Rahmen der ‚Theorie möglicher Welten' – physikalisch unmöglich, aber logisch möglich ist.[14] Auf den *Fantasy*-Roman wäre *a fortiori* anzuwenden, was Walter Benjamin in seinem Essay über den Erzähler, Georg Lukacs' Wort vom Roman als „Form der tranzendentalen Heimatlosigkeit"[15] aufgreifend, über den einsamen Romanleser ausgeführt hat: Er nährt sich von fremden Schicksalen, die um die ratlose und rastlose Frage nach dem „Sinn des Lebens" kreisen.[16] Wenn sich diese fremden Schicksale in einer anderen, fremden Welt erfüllen, so wird man in dieser wohl heimisch werden müssen, wenn man sich von ihnen nähren soll. *Fantasy* muss als eine späte Ausformung des Romans verstanden werden, die indes von Anfang an in ihm angelegt war. In gewisser Weise ist *Fantasy* ein Endspiel der Literatur.

Daher geht die Wirkungsgeschichte des *Herrn der Ringe* weit über die Literaturgeschichte hinaus. Damit sind die Multiplikator-Effekte der Hörbücher und Hörspiele sowie der alle Rekorde sprengenden Verfilmung von Peter Jackson (2001 bis 2003) gemeint[17], aber auch die intermediale „Tolkienindustrie"[18] in Gestalt verschiedener Computerspiele, Internet-Enzyklopädien, Tolkiengesellschaften usw. Auf einzigartige Weise hat sich ‚Tolkiens Welt' in anderen Büchern und in unserer Welt ausgebreitet. Und auf einzigartige Weise sind Leser unserer Welt in sie ausgewandert.

Eine Betrachtung, die verstehen möchte, wie es dazu gekommen ist, muss sich zunächst von all dem befreien, um zur Möglichkeitsbedingung dieser Entwicklung zurückzukehren, die in einer spezifischen Konjunktion von Macht und Phantasie liegt.

---

[14] Vgl. zum Problemkontext im Überblick: Martinez/Scheffel: Einführung in die Erzähltheorie, S. 19ff.

[15] Lukacs: Die Theorie des Romans, S. 32.

[16] Benjamin: Der Erzähler, S. 455.

[17] Vgl. Mikos/Eichner/Prommer/Wedel: Die *Herr der Ringe*-Trilogie. Attraktion und Faszination eines populärkulturellen Phänomens.

[18] Bidlo: Mythos Mittelerde. Über Hobbits, Helden und Geschichte in Tolkiens Welt, S. 31.

1. Anfang

Kein Anfang. Natürlich ist der Anfang kein Anfang. Damit ist nicht der einfache Sachverhalt gemeint, dass alles schon angefangen haben und die Geschichte vielleicht schon zu Ende gegangen sein muss, damit davon erzählt werden kann. Es ist auch nicht damit gemeint, dass es immer ein *Davor* gibt, dass eine Geschichte nicht wirklich *ab ovo* erzählt wird. Was ansonsten eine Trivialität ist – dass jede Geschichte eine Vorgeschichte hat –, ist in diesem Fall keine. Denn in der Phantasie – in der *Fantasy* – könnte man ja mit dem Anfang beginnen. Hier gibt es keine von außen gesetzten Schranken. Hier wäre es möglich, einen Anfang zu *setzen*. Und tatsächlich hat Tolkien im *Silmarillion* eine Schöpfungsgeschichte verfasst, die mit den Worten beginnt:

> Eru war da, der Eine, der in Arda Ilúvatar heißt; und er schuf erstens die Ainur, die Heiligen, Sprösslinge seiner Gedanken; und sie waren bei ihm, bevor irgendetwas andres erschaffen war. Und er sprach zu ihnen, sie Melodien lehrend, und sie sangen vor ihm, und er war froh. (Sil 21)

So hört sich also ein Anfang in Harmonie an – ein Anfang *aller* Geschichten überhaupt, der aber zugleich schon zur Vorgeschichte der Geschichte gehört, die im *Herrn der Ringe* erzählt wird. Denn in die gemeinsame Musik der Ainur[19] wird Melkor, dem unter den Ainur „die reichsten Gaben an Macht und Wissen" verliehen wurden, „Töne einzuflechten, die er selbst erdacht hatte und die nicht zu Ilúvatars Thema stimmten, denn er strebte nach mehr Glanz und Macht für die ihm zugewiesene Stimme" (Sil 22). Melkor, der große Aufrührer und der Ursprung alles Bösen, wird Mittelerde unter dem Namen Morgoth heimsuchen. Unter ihm wird Sauron groß werden, der im Ringkrieg, von dem der *Herr der Ringe* erzählt, entmachtet wird.

Von Anfang an herrscht das Thema der Macht. Wie sollte es auch anders sein? In *Quenja*, der Sprache der Elben, bedeutet Melkor „Er, der in Macht

[19] Vgl. zur Bedeutung der Musik bei Tolkien Schneidewind/Steimel (Hg.): Musik in Mittelerde.

steht".[20] Es beginnt mit einer Asymmetrie: Das Ungleichgewicht, dass einer der Ainur mehr „Macht und Wissen" verliehen bekommen hat, setzt sich fort in dessen Streben „nach mehr Glanz und Macht". Es wird also ein instabiles System vorgestellt, ein Machtgefälle als eine ungleiche Verteilung von Chancen, das darum den Impetus zu ihrer Vergrößerung enthält. Warum dies so ist, wird lediglich mit dem Topos des *Glanzes* angedeutet. Der Glanz betrifft die imaginäre Dimension der Macht, es ist ein vorgestellter, ein *phantasierter* Glanz.

Aber dies ist freilich nicht das Thema des *Herrn der Ringe*. Anfänge werden nachgeschoben. Und insbesondere beginnt die Phantasie nicht mit einem Anfang, sondern mit dem Sprung in eine Situation. So auch der Dichter, der phantasiert, so auch die Literatur, die *Fantasy* heißt. Allein in dieser Gattung scheint es jedoch im Prinzip nicht nur *möglich*, mit einem ersten Anfang anzufangen (da es sich ja um einen phantasierten Anfang handeln würde), sondern ein erster Anfang steht notwendigerweise zur Disposition: Insofern die in der *Fantasy*-Literatur erzählte Geschichte in einer ‚Anderswelt' oder ‚Sekundärwelt' angesiedelt ist, die anders funktioniert und eine andere Geschichte hat als ‚unsere Welt', *impliziert* der Fantasy-Roman auch eine Kosmogonie. In diesem Sinne startet jeder *Fantasy*-Roman (da er keine Kosmogonie *ist*) theoretisch mit der Hypothek, einen ersten Anfang vorauszusetzen, ohne ihn expliziert zu haben. Und dies gilt im Prinzip nicht nur für die Kosmogonie, sondern ebenso für die Ordnung dieser Welt und der in ihr wohnenden Wesen, die sich mehr oder weniger stringent aus ihr ableitet.[21] Daraus entsteht eine komplexe Problematik.

[20] Für Nachweise dieser Art von Behauptungen sei an dieser Stelle stellvertretend auf die verzweigte Präsenz des Werkes von Tolkien in Wikipedia, auf die Website *http://ardapedia.herr-der-ringe-film.de* sowie auf Friedhelm Schneidewinds *großes Tolkien-Lexikon* verwiesen.

[21] Vgl. etwa die Darlegung der einschlägigen Diskussion in Pesch: Fantasy, S. 34ff. Es ist aber alles andere als eindeutig, was das eigentlich heißt. Für viele ist zum Beispiel die Adaption der mittelalterlichen Artussage samt Anreicherung mit übernatürlichen Elementen bereits *Fantasy* (vgl. etwa Weinreich: Fantasy, S. 24), andere erklären, streng genommen müsse es sich um eine Parallelwelt handeln, bei der letztlich nicht zu begründen sei, warum es dort in etwa dieselbe Flora und Fauna geben solle wie hierzulande (Carter: Makers of Worlds, S. XV).

Vorarbeiten. Erstens entsteht von der Seite der Textproduktion her das Problem der notwendigen Vorarbeiten. Bevor man damit beginnt, eine *Fantasy*-Geschichte zu erzählen, muss man zumindest in Umrissen bereits über die Welt Bescheid wissen, in der diese Geschichte angesiedelt werden soll. Im ausführlichen *Wikipedia*-Artikel „Fiktives Universum" wird die dazu erforderliche Tätigkeit mit einem glücklichen Ausdruck als „Weltenbasteln" bezeichnet, bei der man vorzugsweise vom „Allgemeinen zum Speziellen" oder vom „Speziellen zum Allgemeinen" voranschreiten könne. Im ersten Fall skizziere man zunächst die allgemeinen Rahmenbedingungen mittels Weltkarten, Geografie, Populationen Grundzügen einer Weltgeschichte usw. Im zweiten Fall nehme man sich zunächst eine „Region" vor, um diese „in allen Details zu beschreiben, Fakten über lokale Geografie, Kulturen, Sozialstrukturen, Politik, Wirtschaft und Geschichte festzulegen, die wichtigsten vorkommenden Personen vorzustellen und ihre Beziehungen zueinander zu erläutern." Die weiter entfernten Gebiete bleiben zunächst diffus und werden ausgebaut, wenn sie für die erzählte Geschichte relevant werden. Nach dem ersten Verfahren mit langem Vorlauf entstünden „insgesamt stimmige und widerspruchsarme Welten"; bei dem zweiten Verfahren mit kurzem Vorlauf mache sich „häufig ein unzusammenhängender Gesamtaufbau der Welt" bemerkbar.

Der Begriff des *Bastelns*[22] macht allerdings deutlich, dass dieser Gegensatz relativ ist. Keine fiktive Welt lässt sich rein deduktiv oder rein induktiv aufbauen. Im Fall von J.R.R. Tolkien ist bekannt, dass seine frühesten Arbeiten zu einer von der nordischen Mythologie inspirierten ‚Anderswelt' in die Zeit des ersten Weltkriegs zurückreichen, also etwa ein Vierteljahrhundert vor der Arbeit am *Herrn der Ringe*. In dieser Zeit schrieb er am später fallengelassenen *Book of the lost Tales* (*Buch der verschollenen Geschichten*). Die ersten Versionen der Schöpfungsgeschichte mit der Musik der Ainur datieren aus dieser Zeit, sind aber dort wiederum eingebunden in eine andere Geschichte, nämlich in die Geschichte Eriols, dem dieser Mythos *erzählt* wird (BvG 82ff.). Entworfen wird hier also wiederum eine *Region* (die Insel Tol Eressea, die Hütte des vergessenen Spiels, die Gastfreundschaft Vaines, das Feuer der Geschichten,

[22] Vgl. für die produktive Arbeit mit Vorgefundenem den Terminus der *bricolage* bei Claude Lévi-Strauss: Das Wilde Denken, S. 29ff.

der Türhüter Rúmil usw.), die *vor* der systematischen Entfaltung der Anderswelt steht (BvG 21ff.).

Der Bastelei-Charakter bei der Schaffung eines fiktiven Universums ist im Falle Tolkiens besonders greifbar, weil die verschiedensten Vorstufen und Fragmente handschriftlich überliefert und dank der unermüdlichen Tätigkeit seines Sohns Christopher Tolkien auch ediert sind. Sie zeigen, wie immer wieder Modifikationen an ‚Tolkiens Welt' vorgenommen werden. Allerdings steht der Gesamtaufbau zu dem Zeitpunkt, an dem Tolkien mit dem *Herrn der Ringe* beginnt, schon fest. Es gibt aber noch eine andere Vorarbeit, die verhindert, dass der *Herr der Ringe* mit einem unvorbelasteten Anfang beginnt. Das ist der Umstand, dass Tolkien 1937 bereits *The Hobbit or There and Back Again* veröffentlicht hatte und der *Herr Der Ringe* die dort erzählte Geschichte wieder aufnimmt.

Um die Entstehung des *Hobbit* rankt sich die Legende eines ganz und gar unvorbelasteten Anfangs *ex nihilo*. Tolkien habe bei einer universitären Korrekturarbeit gedankenverloren auf eine leere Seite den Satz „*In a hole in a ground there lived a hobbit*" geschrieben, der dann zum ersten Satz des Buches wurde, ohne dass der Autor – gemäß diesem „Mythos vom ersten Satz"[23] – eine Ahnung davon gehabt hätte, was ein Hobbit eigentlich sein solle. Dies wäre – für sich betrachtet – ein Extremfall induktiven Vorgehens mit einer besonders kleinen Region (einem Loch und seinem Bewohner) als Ausgangspunkt. Zwar entsteht *The Hobbit or There and Back Again* als ein Kinderbuch (zunächst ohne Veröffentlichungsabsicht) aus einer solchen Eigenlogik heraus, die Geschichte wird jedoch sehr schnell mit dem bereits vorhandenen ‚mythologischen' Hintergrund von ‚Tolkiens Welt' kombiniert, ohne dass zu diesem Zeitpunkt das Bemühen um Kohärenz und Widerspruchsfreiheit im Vordergrund gestanden hätte. Daher siedelt sich der Vorgänger-Roman zwar in ‚Tolkiens Welt' an, ist aber mit der im Hintergrund stehenden Gesamtkonzeption in verschiedenen Punkten nicht ganz kompatibel. Auch hier war also Bastelei erforderlich. Und es ist ein bedenkenswerter Umstand, dass die Hobbits im Grunde ein hineingebastelter Fremdkörper in ‚Tolkiens Welt' sind – ein Fremdkörper, der *unseren* Zugang zu dieser Welt darstellt.

---

[23] Vgl. Krause: Die wirkliche Mittelerde. Tolkiens Mythologie und ihre Wurzeln im Mittelalter, S.16.

Rezeptionsanfänge. Auch der Leser eines *Fantasy*-Romans steht vor einer eigentümlichen Aufgabe. Er muss die Beschaffenheit der Welt, in der sich die Geschichte abspielt, sowie die Regeln, die in ihr gelten, aus dem Fortgang der Erzählung selbst ermitteln. Die erzählte Welt – die Diegese – wird von Anfang an vorausgesetzt, ohne dass er sie kennen könnte. Im Prinzip ist dies bei jedem fiktionalen Text der Fall, bei einer realistischen Erzählung aus der Gegenwart des Lesers weniger, bei einem in fernen Zeiten oder fernen Ländern spielenden Roman mehr, bei einem in einer ‚Anderswelt' spielen Roman am meisten. Der Leser macht automatisch Annahmen darüber, wie die erzählte Welt beschaffen ist. Dass ihm unter anderem die Kenntnis von Gattungskonventionen dabei hilft, ändert nichts an seiner strukturellen Unterinformiertheit. Diese Unterinformiertheit kann alle Bereiche betreffen – von der konkreten Situation, mit der die Geschichte beginnt bis zu den Naturgesetzen, die in der erzählten Welt Gültigkeit haben sollen. Bemerkbar macht sich diese Unterinformiertheit vor allem dann, wenn der Leser deutlich weniger weiß als die Protagonisten, so dass er ihr Verhalten und Handeln nicht recht einschätzen und in diesem Sinne nicht nachvollziehen kann. Leitend für die Schlussfolgerungen, die ein Leser aus den ihm gegebenen Informationen zieht, ist eine – gattungsabhängige – Kohärenzerwartung.

Ein Beispiel: Ganz zu Beginn des *Hobbit* ist davon die Rede, dass Bilbo seine „Morgenzeitung" (Hob 11) herausholt. Eine Welt, in der es eine Morgenzeitung gibt, muss auch einige andere Dinge enthalten, etwa ein Vertriebssystem, Redakteure, Druckerpressen usw. Der Leser müsste also davon ausgehen, dass auch in der Welt des *Hobbit* solche Dinge vorhanden sind. Tatsächlich findet sich aber keine Spur davon, was der Leser am Anfang aber noch nicht wissen kann. Im Gegenteil haben diese modernen Errungenschaften in der Region Auenland keinen Platz, und im *Herrn der Ringe* ist von einem Zeitungswesen auch keine Rede mehr. Das bedeutet aber nicht, dass es im *Hobbit* Morgenzeitungen gibt, im *Herrn der Ringe* aber nicht, sondern dass der *Hobbit* einer anderen Gattung zugehört. In einem humorvoll erzählten Märchen für Kinder sind an die erzählte Welt geringere Kohärenzerwartungen zu stellen als in einem *Fantasy*-Roman[24], bzw. die Kohärenzerwartungen

[24] *Der Herr der Ringe* wird hier umstandslos als Roman bezeichnet wird, obwohl Tolkien selbst erklärt hat: „Mein Buch ist *kein* ‚Roman', sondern eine ‚heroische Romanze', eine ältere und

können bewusst unterlaufen werden.[25] Man kann auch sagen: Es gibt weniger Systemzwang für das Phantasieren.

Auch in dieser Hinsicht ergibt sich also zu Beginn des *Herrn der Ringe* eine Schwierigkeit, die in den komplexen Paratexten zum *Herrn der Ringe* ihren Niederschlag gefunden hat. Denn der *Herr der Ringe* fällt bekanntlich gerade nicht wie *Der Kleine Hobbit* mit einem ersten Satz ins Haus, sondern startet mit Präliminarien. Die „Einführung" erklärt gleich unter der Unterüberschrift „Über Hobbits", dass weitere Einzelheiten über dieses Volk der „Auswahl aus dem Roten Buch der Westmark zu finden" seien, „die unter dem Titel *Der Hobbit* bereits veröffentlicht wurde"; und zwar stamme diese Darstellung aus „den ersten Kapiteln des Roten Buches, die Bilbo selbst" verfasst habe (HdR 17). Mit diesem Schachzug, der Zwischenschaltung des Protagonisten Bilbo als Vermittler, wird die im *Hobbit* erzählte Geschichte als eine mehr oder weniger freie Bearbeitung der tatsächlichen Vorgänge ausgegeben. Sie werden damit zu einem zugleich authentischen und nicht ganz zuverlässigen Bestandteil von ‚Tolkiens Welt'.

Nachträglichkeit. Die lange „Einführung", die dem ersten Buch des *Herrn der Ringe* vorangestellt ist, zeichnet sich durch eine merkwürdige Diskursposition aus, die eine strukturelle Überforderung des Lesers zur Folge hat.[26] Dass gleich zu Beginn dieser Einführung auf den *Hobbit* als weitere Quelle

---

ganz andere Art Literatur." (Tolkien: Briefe, S. 539, Nr. 329). *Der Herr der Ringe* funktioniert aber, wie alle *Fantasy*-Literatur, ausschließlich als Roman.

[25] Letzteres ist im *Hobbit* natürlich der Fall. Bilbo ist dort von seinem Habitus her ein moderner, bürgerlicher Engländer, den es in eine Märchenwelt verschlagen hat. Verschiedene Anachronismen sind die Folge (vgl. etwa für Beispiele Shippey: J.R.R. Tolkien. Autor des Jahrhunderts, S.45f., S. 64). Für eine Analyse des *Hobbit* noch interessanter ist, dass diesen Anachronismen auf der Ebene der erzählten Welt eine „Kollision der Stile" (ebd., S. 81) entspricht, die ebenfalls verschiedenen Epochen angehören und einen polyphonen Text im Sinne Michail Bachtins erzeugen (vgl. Bachtin: Probleme der Poetik Dostoevskis, S. 202ff.).

[26] Dies ist ein Hauptgrund dafür, warum so viele (ungeübte) Erstleser der Trilogie an dieser Einführung scheitern oder sich nach ihrer Lektüre so schlecht an sie erinnern. Vgl. auch Einhaus: *The Lord of The Rings*. Logik der kreativen Imagination, S. 158: „Die Imagination des Lesers ist noch nicht genügend stimuliert, um ihn zu bewegen, all diese Fakten und Daten zu verarbeiten, noch ist er zu diesem Zeitpunkt überzeugt, daß es sich lohnt, sich mit diesen Informationen auseinanderzusetzen."

für Kenntnisse über Hobbits verwiesen wird, ist nur der erste Schachzug. In einführender Manier werden sodann die Eigenschaften der Hobbits im Allgemeinen dargelegt. Die Frage, woher dieses Wissen über Hobbits stammt, scheint sich zunächst nicht zu stellen, aber dann heißt es unvermittelt:

> Es liegt also auf der Hand, daß die Hobbits trotz der späteren Entfremdung mit uns verwandt sind: weit näher als Elben oder selbst Zwerge. [...] Aber wie unsere Verwandtschaft genau war, läßt sich nicht mehr feststellen. Der Ursprung der Hobbits reicht weit zurück in die Altvorderenzeit, die jetzt vergangen und vergessen ist. Nur die Elben haben noch Aufzeichnungen aus jener dahingeschwundenen Zeit. (HdR I, 19)

Unversehens verweist der Text auf seine eigene Diskursposition, indem er von „uns" spricht und ein „jetzt" einführt. Implizit wird deutlich, dass derjenige, der hier als Verfasser dieses Buches spricht, zu den Menschen gehört. Gerade dadurch wird er zu einem *fiktiven* Verfasser (oder zu einem fiktiven Kompilator), der nicht aus auktorialer Machtvollkommenheit etwas über eine Anderswelt und darin vorkommende Hobbits erzählt, sondern auf Informationen aus dieser Anderswelt selbst angewiesen zu sein behauptet.[27] Indem der Erzähler *fingiert*, in Bezug auf die Herkunft der Hobbits unterinformiert zu sein, impliziert er den *dokumentarischen* Charakter dessen, was er zu erzählen hat.[28] Das heißt, dass die Anderswelt nicht völlig in sich geschlossen ist, sondern dass es einen Informationsfluss hin auf unsere Welt gegeben haben muss, dass die Anderswelt irgendwie zugleich ein Teil unserer Vergangenheit ist.[29]

---

[27] Vgl. zu den „Instanzen des Vorworts" und den darin möglichen Verwicklungen und Spiegelfechtereien ausführlich und konzise Genette: Paratexte. Das Buch vom Beiwerk des Buches, S. 157-280.

[28] Im Original heißt die Einführung „Prologue" (LotR I, 3), was diesen Abschnitt näher am ‚eigentlichen' Text angesiedelt erscheinen lässt.

[29] In einem Brief erklärt Tolkien, er stelle sich zwischen dem Ende des Dritten Zeitalters und uns „eine Lücke von etwa 6000 Jahren vor" (Tolkien: Briefe, S. 371; Nr. 211); vgl. zur Problematisierung dieser Zahl Schneidewind: Mein Mittelerde, S. 11f.

Dadurch komplizieren sich die Verhältnisse, da mit dieser Konstruktion eine Verpflichtung übernommen wird. Es muss jetzt zusätzlich etwas über den fiktiven Informationsfluss mitgeteilt werden. Es gilt, eine Verbindung zwischen der Welt des Verfassers und der Anderswelt sowohl herzustellen als auch im Dunkeln zu lassen. Dieses Erfordernis ergibt sich nicht zuletzt auf der geographischen Ebene, da Mittelerde bekanntlich nicht auf unseren Landkarten verzeichnet ist, weshalb es in der Einführung heißt, dass sich seither „die Gestalt der Länder […] verändert" (HdR I, 19) habe. Wie es zu dieser Veränderung gekommen ist, bleibt ebenso unklar wie die Relation der Welt des Verfassers zu ‚unserer Welt', da etwa in der Welt des Verfassers von Elben ja offensichtlich noch im Präsens gesprochen werden kann.

Es tut hier nichts zur Sache, dass Tolkien bekanntlich aus dem gefühlten Mangel eines englischen ‚Nationalepos' begonnen hat, den synthetischen Mythos zu entwerfen, in den dann das im *Herrn der Ringe* erzählte Geschehen integriert wurde. Ebenso wenig hilft es weiter, mit Hilfe des *Silmarillion* den weiteren Verlauf der Geschichte von Mittelerde zu rekonstruieren.[30] Es geht vielmehr um das strukturelle Problem, dass eine phantastische Welt auf der einen Seite keinen Ort hat und daher nicht *situiert* werden kann, dass sie aber auf der anderen Seite nach einer Verortung verlangt. Dieses Verlangen nach Situierung schlägt sich – unterstützt durch Tolkiens biographischen Hintergrund – im Prolog zum *Herrn der Ringe* in dem Bemühen nieder, eine Überlieferungskette zu postulieren: Wenn die Anderswelt in sich geschlossen sein soll, so muss sie sich gewissermaßen auch selbst präsentieren und damit selbst überliefern. Wenn sie sich aber selbst überliefert und diese Überlieferung auf uns (bzw. den Verfasser) gekommen ist, dann muss es eine Verbindung zu dieser Anderswelt geben. Aus literaturgeschichtlicher Perspektive

[30] Am Ende des *Silmarillion* wird angedeutet, dass sich Mittelerde für die späteren schiffsreisenden Menschen als rund herausstellt, während es den Eldar (Hochelben) noch erlaubt ist, aus dieser runden Welt zu scheiden und „in den alten Westen […] zu fahren", weswegen die „Weisen unter den Menschen" sagten, „noch immer müsse es einen Geraden Weg geben für jene, denen es erlaubt sei, ihn zu finden" (Sil 309f.). Die Neugestaltung der Länder Mittelerdes (es ist ja im übrigen nicht die erste), die sich ebenfalls zugetragen haben muss, bleibt hierbei ebenso im Dunkeln wie im Prolog zum *Herrn der Ringe*. Nur innerhalb von Mittelerde stellt sich aber die Frage nach der Überlieferung, um die es hier geht (vgl. zu Geographie und Schließung von Mittelerde auch Pesch: Die Gestalt von Arda. Eine geographische Fiktion).

lässt sich dieses Problem darüber hinaus mit dem Umstand in Verbindung bringen, dass die Gattungskonvention der *Fantasy*, die auf einem irreduziblen Sprung in die sich präsentisch abrollenden Geschehnisse in der Anderswelt beruht, zu diesem Zeitpunkt noch nicht ausgebildet ist, während umgekehrt die Lokalisierung einer imaginierten Welt über den Topos *Atlantis* eine reiche Überlieferungstradition hat.[31]

Mit der Nachträglichkeit des Verfassers bzw. Kompilators entsteht zugleich ein Spannungsverhältnis zwischen der Anderswelt selbst und ihrer Darstellung. Es wird sozusagen ein grundlegendes und mehrstufiges Informationsdefizit eingeführt. So heißt es über die Herkunft der Hobbits, dass sie von „ihrer ursprünglichen Heimat" keine Kenntnis hätten und ihre eigenen Aufzeichnungen „erst mit der Besiedlung des Auenlandes" begannen (HdR I, 19). Folglich kann der Verfasser von seiner Diskursposition aus nur mutmaßen, dass „wie manch anderes Volk auch die Hobbits in der weit zurückliegenden Vergangenheit nach Westen gezogen waren" (HdR I, 20).[32] Ein noch größeres Informationsdefizit als der Verfasser hat der implizite Leser, der in dieser Einführung mit rudimentären Informationen über Mittelerde und seine Geschichte überhäuft wird.

Diese strukturelle Überforderung des Lesers durch ein Zuviel an Informationen ist eine Folge der Diskursposition des Verfassers, dem alle Informationen bereits vorliegen, der auch den glücklichen Ausgang der nun zu erzählenden Geschichte kennt und damit auch nicht hinter dem Berg hält. Unter der Überschrift „Anmerkungen zu den Aufzeichnungen aus dem Auenland" (HdR I, 36) liest man, dass die Rolle der Hobbits bei den „großen Ereignissen" zu der „Einbeziehung des Auenlandes in das Wiedervereinigte Königreich führte", dass das „Ende des Dritten Zeitalters" von einem prosperierenden Vierten Zeitalter abgelöst wurde usw. Wie man weiß, wird dieses Wissen mit dem Ende des Prologs und dem Beginn des ersten Kapitels ausgeblendet

[31] Im *Silmarillion* schließt Tolkien seine Konstruktion im übrigen direkt an den Atlantis-Mythos an (vgl. Sil 309). Das Atlantis-Modell gibt natürlich auch das Paradigma für das Lokalisierungs*problem* ab.

[32] Produktionslogisch hat das Dunkel, das über die Herkunft der Hobbits verbreitet wird, seinen Grund freilich darin, dass Tolkien diese Spezies im *Silmarillion* bzw. im dort entfalteten Schöpfungsplan nicht vorgesehen hatte, weshalb sie auch nur am Ende wie aus dem Nichts auftaucht (vgl. Sil 333).

zugunsten eines präsentisch anmutenden, ganz und gar romanhaften Erzählens, das auf keine dokumentarische Fiktion mehr zurückgreift. Diese ist nur dazu da, die Erzählung zu *verorten*.[33]
Als hervorstechendstes Merkmal des Vierten Zeitalters wird das Entstehen von Bibliotheken ausgeführt, die „viele geschichtliche Bücher und Aufzeichnungen" (HdR I, 36) besitzen. Im weiteren Verlauf dieser „Anmerkungen" wird auf den verwickelten Überlieferungsprozess verwiesen, in dessen Zentrum das aus mehreren Bestandteilen zusammengesetzte, allerdings nur noch in „Abschriften" erhaltene „Rote Buch" steht. Die „Anmerkungen" geben nicht nur beiläufig zu verstehen, dass alle vier in den Ringkrieg involvierten Hobbits ihre Abenteuer glücklich überstehen und siegreich nach Hause zurückkehren, sondern sie weisen diesen Sieg auch als die unhintergehbare Voraussetzung dafür aus, dass es überhaupt eine Überlieferung der Ereignisse gibt, dass diese Geschichte erzählt werden kann.[34] Dieses aus der Struktur der Nachträglichkeit sich ergebende Faktum ist ein zentraler Punkt: Die Überlieferung – in Form von Liedern, Legenden, Erzählungen, Aufzeichnungen, Abschriften – stellt einen *Wert an sich* dar, den das Böse nicht kennen kann, da es als eine Form der *Treue* vorgestellt wird. In ‚Tolkiens Welt' gilt: Hätte die dunkle Macht gewonnen, gäbe es nicht etwa eine *andere* Überlieferung, sondern gar keine. Das Böse hat keine Erzählungen, keine Lieder und keine Archive.

[33] Vgl. zur „Fiktion der Historizität" im *Herrn der Ringe* im Vergleich mit anderen Klassikern der *Fantasy*-Literatur Nester: Shadows of the Past, S. 12-19, S. 121-126, S. 186-194.

[34] Diese Überlieferungsgeschichte wird in der englischen Erstausgabe des *Herrn der Ringe* nur angedeutet und erst in der Ausgabe von 1966, in den nun hinzugefügten „Anmerkungen zu den Aufzeichnungen aus dem Auenland" näher ausgeführt; vgl. dazu Christopher Tolkien in BvG I, 12.

2. Hobbits

Unwissende Kinder. Ausgangspunkt des *Herrn der Ringe* sind die Hobbits, weswegen der Prolog mit deren Charakterisierung einsetzt. Es ist immer wieder bemerkt worden, dass die *Position* der Hobbits innerhalb von ‚Tolkiens Welt' essenziell für deren Verständnis ist. Am Leitfaden der Hobbits tritt der Leser in diese Welt ein. Vor diesem Hintergrund müssen die den Hobbits zugeschriebenen Eigenschaften auf einer poetologischen Ebene gewürdigt werden. Dazu gehört, dass die Hobbits – als Volk oder als Spezies, wie man will – wenig *wissen*. Nur weil sie so wenig über ‚Tolkiens Welt' wissen, kann die Erzählung, indem sie aus der Perspektive der ausgewählten vier Hobbits erzählt, in diese Welt einführen (und weil aus dieser Perspektive nicht in angestammte Welt der Hobbits selbst eingeführt werden kann, muss es der Erzähler in einem Prolog tun).
Fiktionsintern wird das geringe Wissen der Hobbits damit begründet, dass sie in einem „erfreulichen Erdenwinkel" leben, in dem sie „tausend Jahre lang wenig durch Kriege belästigt" worden sind. Sie widmen sich ihrer

> geordneten Arbeit, die darin bestand zu leben, und um die Welt draußen, wo dunkle Dinge vor sich gingen, kümmerten sie sich immer weniger, bis sie schließlich glaubten, Frieden und Überfluß seien die Regel in Mittelerde und ein Recht, das allen vernünftigen Leuten zustehe. (HdR I, 23)

Die Hobbits wissen also wenig, weil sie wenig wissen wollen und weil sie nicht viel zu wissen brauchen. Auenland wird uns als Idyll präsentiert, als ein agrarisch geprägter, homöostatischer „Schutzraum"[35]. Dem Auge des dunklen Herrschers verborgen, von unerkannten Waldläufern bewacht, erscheint es als ein Sehnsuchtsort, wo wir alle unschuldige und ahnungslose Kinder sein dürfen. Das heißt freilich auch, dass sie nicht Teil der umfassenden Überlieferung sind. Die Geschichte geht über sie hinweg. Zwar haben die Hobbits eine Zeitrechnung und eine Schrift, aber geschrieben werden vor allem Brie-

[35] Bidlo: Mythos Mittelerde, S. 70.

fe, und die Zeitläufte werden nur durch das Erstellen umfänglicher „Ahnentafeln“ (HdR I, 27) dokumentiert.

Es ist leicht gesagt und belegt, dass sich die Hobbits im Stande der unwissenden Kinder befinden. Nicht ohne weiteres zu übersehen sind jedoch die weitreichenden Folgen dieses Befundes dafür, wie die Welt der *Fantasy* beschaffen ist und nach welcher Logik sie funktioniert. Zunächst einmal bestätigt es, dass das *Lesen* von Fantasy wenn es von Erwachsenen geübt wird, mit einer Form struktureller Regression verknüpft ist (was kein Argument gegen eine solche Lektüre darstellt). Es heißt aber auch umgekehrt, dass die Kinder, die *Fantasy*-Literatur lesen, sich in eine Welt der Erwachsenen begeben – einerseits, weil das die Hobbits tun (jedenfalls einige von ihnen), andererseits, weil die Hobbits eben keine unwissenden Kinder sind, sondern nur *wie* unwissende Kinder sind. Die Hobbits sind das Paradigma dafür, wie sich Kind-Status und Nicht-Kind-Status in unserer Kultur auf eine schwer zu durchschauende und abgründige Weise überlagern. *Fantasy* ist in einem sehr wesentlichen Sinn *All-Age*-Literatur. Die Hobbits sind Kinder jeden Alters.[36]

Wenn die Hobbits wie Kinder sind, entsteht auf der Ebene der Diegese überdies ein Spannungsverhältnis zu jenen Figuren die tatsächlich Kinder sind – das heißt: Es müsste entstehen, wenn im *Herrn der Ringe* in einem nennenswerten Umfang Kinder vorkämen. Die Welt des *Herrn der Ringe* ist jedoch weitgehend kinderlos. Zwar gibt es Kinder der Hobbits selbst, aber nur als Staffage. Die Elben sind ohnehin jenseits von Zeugung, Geburt und Kindschaft, bei den Zwergen, wo nicht einmal weibliche Exemplare auftauchen, ist es ebenso, von den Orks ganz zu schweigen.

Auch wo die Menschen ins Bild rücken, kommen Kinder nur am Rande vor. Die Einführung Bergils, der einzigen Kinderfigur der gesamten Trilogie im ersten Kapitel von *Die Rückkehr des Königs*, ist bezeichnend genug. Pippins

[36] Bekanntlich gibt es eine lang anhaltende Diskussion über die Frage, ob die Verfilmungen von Peter Jackson mit der Frage der Kind-Position der Hobbits angemessen umgegangen sind. In gewisser Weise geht die Frage an der Sache vorbei, weil es für das Medium Film unmöglich ist, diese Kindposition angemessen wiederzugeben. Der Vorteil der Literatur besteht eben darin, Unbestimmtheitsstellen lassen zu können, die der Film automatisch ausfüllt. Insofern ist die Irritation, die Jacksons Verfilmung in dieser Hinsicht ausgelöst hat (Frodo, Sam, Merry, Pippin sehen jünger aus als sie laut Buch sind; Merry und Pippin werden durch ihr Verhalten als adoleszent charakterisiert usw.), ein Symptom.

Blick fällt auf einige Jungen, die zwischen den Säulen spielen, „die einzigen Kinder, die Pippin in Minas Tirith gesehen hatte“ (HdR III, 50). Mit einem von ihnen kommt er in ein Gespräch, in dem sich der etwa zehnjährige Junge als der Sohn des Pippin bereits bekannten Beregond erweist. Abgesehen davon, dass dieser den Hobbit zunächst als Gleichaltrigen begrüßt, findet die Begegnung auch unter dem Vorzeichen statt, dass das wirkliche wie das scheinbare Kind unter der Vorstellung leiden, in dieser Welt nicht recht von Nutzen und somit überzählig zu sein. Die Armut an ‚wirklichen' Kindern und ihre Überzähligkeit in den *Fantasy*-Welten können als ein strukturelles Merkmal der Gattung betrachtet werden.[37]

Politische Verfassung. Unter diesen Vorzeichen scheint es übertrieben, den Hobbits eine politische Verfassung zuzuschreiben.[38] Dieser naheliegende Befund wird im Prolog allerdings auf bemerkenswerte Weise entfaltet. Man könne „im Auenland kaum von einer ‚Regierung' sprechen“, heißt es zunächst.[39] „Die meisten Familien regelten ihre Angelegenheiten selbst“ (HdR I, 29), wobei die Familien ein deutliches soziales Gefälle aufweisen, ohne dass dies den sozialen Frieden zu stören scheint. Der einzige „wirkliche Beamte“ im Auenland – wenn man von den Briefträgern und den nicht uniformierten Polizisten absieht, die „praktisch eher Feldhüter“ (HdR I, 30) waren – ist der alle sieben Jahre gewählte Bürgermeister des Hauptorts Michelbinge, dessen „einzige Pflicht“ darin besteht, „als Gastgeber bei Festmählern mitzuwirken“ (HdR I, 30). Insofern gibt es im Auenland zwar ein Gefälle von Reich und Arm sowie eine Graduierung der Reputation, aber es gibt keine politische *Macht*. Im Auenland, so scheint es, ist die imaginäre Dimension der Macht

[37] Natürlich wird man eine ganze Reihe von Gegenbeispielen finden können (da die Gattungen sich immer schon vermischt haben – etwa bei *Harry Potter*). Allerdings muss in dieser Hinsicht unterschieden werden zwischen Romanen, die in einer geschlossenen Anderswelt spielen und solchen, in denen Menschen aus ‚unserer Welt' in die Anderswelt übertreten; denn dies sind vornehmlich Kinder (etwa in den *Chroniken der Narnia*), die dann in der *Fantasy*-Welt eine *andere* Rolle spielen als zu Hause, und zwar in einer Welt ohne Kinder.

[38] Tolkien selbst spricht einmal von der „halbaristokratische[n] Halbrepublik des Auenlandes“ (Tolkien: Briefe, S. 317; Nr. 183).

[39] Vgl. zur Diskussion um die ‚Regierung' im Auenland Bergh: Mittelerde und das 21. Jahrhundert. Zivilisationskritik und alternative Gesellschaftsentwürfe in J.R.R. Tolkiens *The Lord of the Rings*, S. 86-91 mit weiterführenden Literaturhinweisen.

kaum vorhanden. Auf eine sehr sorgfältige Weise ist das Auenland als Gegenpol zum Machtpol konstruiert. Es wird aber noch genauer zu erörtern sein, was das heißt.

Das Eigentümliche besteht nun darin, in welcher Weise die Frage nach dem *Gesetz*, unter dem die Hobbits leben, gleichwohl angeschnitten wird. Das Idyllische beruht auf der Vorstellung, dass es der Gesetze und eines Gesetzgebers nicht bedarf. In der fernen Vergangenheit, „als es noch einen König gab", waren die Hobbits „dem Namen nach seine Untertanen" (HdR I, 22), während sie sich in Wirklichkeit selbst regierten. Und immer noch halten sie „an der alten Überlieferung fest in ihrem Verhältnis zum hohen König", obwohl es „seit fast tausend Jahren keinen König mehr" (HdR I, 29) gibt: „Denn alle ihre wesentlichen Gesetze führten sie auf den König von ehedem zurück; und gewöhnlich befolgten sie die Gesetze aus freien Stücken, weil es Die Regeln waren (wie sie sagten), seit alters her und gerecht." (HdR I, 29)

Die Hobbits sind also dem König als ihrem Gesetzgeber treu, wenngleich dieser Gesetzgeber tot ist. Ob sie ihre Gesetze zu Recht oder zu Unrecht auf den toten König zurückführen, ist gar nicht zu entscheiden. Es kommt allein darauf an, bei Bedarf im Namen des Königs einen Garanten für die Regeln zu haben, die zur zweiten Natur geworden sind. Der Name tritt an die Stelle einer Begründung für das, was die gewohnten Bräuche gebieten. So selbstverständlich sind diese Gesetze, dass sie nicht einmal genannt werden.

Dass die zur zweiten Natur gewordenen Gesetze ohne Zwang befolgt werden und sich mit der ersten Natur im Einklang befinden, ist ein alter Traum, der das Idyllische gut charakterisiert. Es handelt sich um eine Phantasie, von der man nicht sagen kann, wie sie funktioniert. Die Kultur wird als etwas vorgestellt, das ohne Totem und Tabu auskommt, ohne Exogamiegebot und Inzestverbot. Es wird noch nicht einmal von Ritualen oder Zeremonien berichtet, in denen die Gesetzesform wahrnehmbar gemacht würde. Das Leben der Hobbits verläuft weitgehend *formlos*. Nach allem, was wir aus ‚unserer Welt' über das Soziale wissen, ist diese Formlosigkeit *unmöglich*. Man kann sie nur als möglich phantasieren.

Es fällt in diesem Zusammenhang auf, dass der Vater (als Instanz des Verbotes) in dem, was über die Hobbits berichtet wird, überhaupt keine Rolle spielt. Es ist kein Zufall, dass Frodo von seinem Onkel adoptiert wird. So, wie die Frage nach dem Verhältnis von Verbot und Übertretung zugedeckt wird, wird auch nichts von Begehren und Leidenschaft vermeldet (die Hobbits sind vollkommen untragisch). An die Stelle des *Begehrens*, das das Subjekt spaltet, wird das *Genießen* gesetzt, freilich nicht in Form des sexuellen Genießens, sondern in der sozialverträglichen Form des gemeinsamen Essens. Denn auch beim gemeinsamen Essen isst man immer noch für sich selbst, man ist Herr seiner selbst und wird nicht so sehr darauf gestoßen, dass das Begehren „das Begehren des Andern" ist.[40]

Im Zusammenleben der Hobbits gibt es daher nicht nur die *Macht*, die man *haben* könnte, allenfalls in kleinster Münze, dasselbe gilt auch für die *Phantasie*. Denn – wie es bei Freud heißt – man „darf sagen, der Glückliche phantasiert nie, nur der Unbefriedigte", und „jede einzelne Phantasie ist eine Wunscherfüllung".[41] Für eine länger anhaltende Unbefriedigtheit ist bei den Hobbits offenbar kein Platz, weder was die ehrgeizigen, noch was die erotischen Wünsche angeht. Unbefriedigtheit scheint lediglich als leicht humoristisches Moment auf, wenn z.B. die Sackheim-Beutlins unbedingt Herren von Beutelsend werden wollen. Idyllen sind Phantasien besonderer Art, insofern sie von einem (geschichtslosen) Zustand träumen, in denen die Phantasie keine Macht hat.

Anfälligkeit. Die Art und Weise des Zusammenlebens der Hobbits ist kein Modell, sondern ein Märchen (das von außen gehegt wird). Aus diesem Märchen kann es ein Erwachen geben. Zwar hat sich das Zusammenleben in über tausend Jahren, in denen kein Hobbit einen anderen umgebracht hat, als überaus beständig und stabil erwiesen, aber es ist gleich wohl auf eine fundamentale Weise *anfällig*. Das zeigt der Einbruch der geschichtlichen Ereignisse in ihr geschichtsloses Leben. Am Ende muss Auenland durch die vier ruhmreichen Rückkehrer befreit werden, weil der Nachfolger von Frodo in Beutelsend, Lotho Sackheim-Beutlin, Strolche ins Land gelassen hat, die ein protofaschistisches Regime errichtet haben.[42] Dieses hat sich gesteigert, nach-

---

[40] Dies ist bekanntlich ein Kernsatz der psychoanalytischen Subjekttheorie Jacques Lacans; vgl. etwa Lacan: Die Ausrichtung der Kur und die Prinzipien ihrer Macht, S. 220.

[41] Freud: Der Dichter und das Phantasieren, S. 173f.

[42] Vgl. Plank: The Scouring of the Shire. Tolkien's View on Fascism.

dem Lotho von dem als „Scharrer" ins Auenland gekommenen Saruman entmachtet worden ist. Scharrer betreibt mit dem ihm hörigen Schlangenzunge eine planmäßige Zerstörung des Auenlandes. Es muss also nur wenig passieren, um die Idylle in ihr Gegenteil zu verkehren. Das haben Idyllen so an sich.

Warum kann man sich des Auenlands so leicht *bemächtigen*? Gewiss, die friedlichen Hobbits sind auf die Konfrontation mit Gewalt von außen nicht vorbereitet; sie lassen sich in die Enge treiben, reagieren ängstlich und unentschlossen usw. – eben wie Kinder. Aber sie lassen sich auch zu Bütteln ausbilden und kollaborieren. Die „Aggression von außen" wecke, so wird gesagt, „das in machen Hobbits verborgene unheilvolle Potenzial von negativen Eigenschaften".[43] Diese individualpsychologische Erklärung der Entwicklung über in der Tiefe schlummernde Eigenschaften greift zu kurz. Und sie ist auch methodologisch voraussetzungsreich, insofern sie Annahmen der *folk psychology* auf Hobbits überträgt.[44] Es ist aber nicht selbstverständlich, dass anthropologische Annahmen, die wir in Bezug auf unsere Welt und ihre menschlichen Bewohner machen, auch für Anderswelten und deren Wesen Gültigkeit beanspruchen können. Erkenntniswert gewinnen solche Annahmen erst, wenn man sie ihrerseits zurückführt auf die Gegebenheiten, mit denen sie in der Darstellung dieser Anderswelt verknüpft werden. Die Annahme der *folk psychology*, dass gewisse Umstände ein unheilvolles Potenzial aktivieren, ist keine Erklärung, sondern vielmehr das zu Erklärende. Das Faszinosum ist in einem (von Elrond gesprochenen) vielzitierten Dogma aus dem *Herrn der Ringe* ausgesprochen: „Denn nichts ist von Anfang an böse" (HdR I, 370).

Die Hobbits sind offenbar anfällig für die *Befehlsform*, auf der die neue Verwaltung errichtet ist. „Befehl vom Oberst" (HdR III, 368) ist das Losungswort, und die verbesserten Nachrichtenwege sorgen auch dafür, dass die Befehle überall ankommen. Die Befehle finden Eingang, weil sie nicht auf eine ausgebildete *Struktur* treffen. Die totalitäre Rede – „Dieses Land hat's nötig,

---

43 Bergh: Mittelerde und das 21. Jahrhundert, S. 89.

44 Zur *folk psychology* vgl. im Überblick: Davies/Stone: Folk Psychology and Mental Simulation; zum Problem der Anwendung auf fiktionale Figuren etwa Jannidis: Figur und Person. Beiträge zu einer historischen Narratologie, S. 186ff.

in Ordnung gebracht zu werden" (HdR III, 374) – kann greifen, weil die althergebrachte Ordnung im Auenland nicht als eine *gesetzte* Ordnung begriffen wird. Sie gründet nicht auf Institutionen und Gesetze, sondern auf Gewohnheiten und zweite Natur. Die Hobbits haben dem Befehl, der auch kein Gesetz ist, nichts entgegenzusetzen – keine Konstruktion der eigenen Identität, keinen Gründungsmythos.[45]

Dies gilt in gleicher Weise für die ‚Montage' ihrer psychischen Struktur wie für ihre soziale Konstruktion. Aus der Perspektive einer dogmatischen Anthropologie (die nun über die Differenz zwischen Menschen und Hobbits allerdings hinwegsehen kann, weil sie den Menschen als ‚sprechendes Tier' definiert) lässt sich sagen: „Die Gesellschaft muss nicht nur fest und aufrecht stehen, sie muss auch *den Anschein erwecken*, dass sie es tut."[46] Wenn es um die Frage der „Solidität einer Gesellschaft" geht, so sind weniger die ‚negativen Eigenschaften' ihrer Mitglieder zu begutachten, als vielmehr der „letztlich äußerst prekäre[ ] Charakter[ ] der sozialen Konstruktionen" zu reflektieren.[47] Es ist eben diese *Anfälligkeit*, die *Der Herr der Ringe* zu denken gibt.

Alles, was die Hobbits haben, ist der verblasste Name eines toten, immer schon fernen Königs als eine Art Deckmantel für ihre Sitten und Gebräuche, und es ist kein Zufall, dass den vier siegreichen Rückkehrern die Befreiung des Auenlandes spielend gelingt, indem sie die Rückkehr des Königs verkünden. Über die ihm angekündigten „Boten des Königs" lacht der sich den Hobbits in den Weg stellende Wortführer der Strolche zunächst noch und schnalzt „vor Frodos Gesicht mit den Fingern": „So viel gebe ich darauf. Wenn ich einen sehe, werde ich ihn zur Kenntnis nehmen." – Worauf Pippin sein Schwert zieht und sich mit den Zeichen von Gondor zu erkennen gibt: „Ich bin ein Bote des Königs" (HdR III, 374f.), und die Strolche zurückweichen.

Die ins Auenland heimkehrenden Hobbits haben nicht nur den zurückgekehrten König hinter sich, sie sind auch wundersam verwandelt, vor allem

[45] Weil die Idylle wie das Lager ohne Gesetz sind, kann das eine in das andere umschlagen – so in einer Erzählung von Maurice Blanchot; vgl. Blanchot: Nachträglich. Die Idylle. Das letzte Wort.

[46] Legendre: Über die Gesellschaft als Text. Grundzüge einer dogmatischen Anthropologie, S. 35.

[47] Legendre: Über die Gesellschaft als Text, S. 35.

Pippin und Merry, die als unbedarfte Frohnaturen ausgezogen sind. Aber alle vier bewahrheiten in gewisser Weise, was Gandalf gegenüber Frodo geäußert hatte, als dieser sich bereiterklärte, um des Ringes willen das Auenland zu verlassen: „Hobbits sind doch wirklich erstaunliche Geschöpfe, wie ich schon früher gesagt habe. In einem Monat kann man alles Wissenswerte über sie lernen, und doch können sie einen nach hundert Jahren, wenn man in Not ist, noch überraschen“ (HdR I, 100). Insofern dies über das Geschlecht der Hobbits im Allgemeinen ausgesagt wird, mag es als ein ideologisch bedenklicher Topos erscheinen. Immer wieder im Verlauf der Trilogie beweisen die Hobbits, dass sie mehr Standfestigkeit und mehr Widerstandskraft haben als man ihnen zugetraut hat, dass sie gleichsam aus einem besonderen Holze geschnitzt sind.

Dieses essenzialistische Postulat steht aber keineswegs in Widerspruch zu ihrer Anfälligkeit. Auch Kindern sieht man bekanntlich nicht an, was in ihnen steckt. Und wie bei den Kindern zeigt sich bei den Hobbits das, was in ihnen steckt, nicht dann, wenn sie in Gesellschaft von Ihresgleichen sind (denn dort zeigt sich im Gegenteil ihre Anfälligkeit), sondern dann, wenn sie unter einer Führung und mit einem Auftrag unterwegs sind. Dadurch befinden sie sich in einer bestimmten Subjektposition[48], und es ist die Frage nach dieser Subjektposition, die im *Herrn der Ringe* gestellt wird, nämlich die Frage, inwiefern das Subjekt als etwas gedacht werden kann, das einen Kern hat, der gegen die Macht resistent ist.

[48] Der Begriff der Subjektposition zielt auf eine Dimension, in der es nicht darauf ankommt, welche Rolle sich ein Subjekt angeeignet hat, sondern auf welchem Platz innerhalb einer Ordnung es sich befindet.

3. Religion

Transzendenzmangel. Es ist verschiedentlich aufgefallen, dass die im *Herrn der Ringe* „dargestellten Gesellschaften und die in ihr lebenden Gestalten [...] oberflächlich eine auffallende Religionslosigkeit an den Tag" legen[49], was in Widerspruch zu der bekanntermaßen tiefen (katholischen) Religiosität des Autors zu stehen scheint. Man könnte nun einwenden, dass kein Autor verpflichtet ist, seinen persönlichen Glauben in sein Werk einzubringen, aber diese konventionelle Feststellung geht an der Sache gänzlich vorbei. Vielmehr gilt es den logischen Status und die strukturellen Bedingungen von Phantasiewelten zu bedenken. Auch Tom Shippey stellt fest, dass die „Gesellschaften von Mittelerde insgesamt religionslos sind" und insofern „keiner menschlichen Gesellschaft" gleichen, da keine Kulturen ohne religiöse Transzendenzvorstellungen bekannt seien.[50] Shippey zitiert auch den Brief, in dem Tolkien diese Religionslosigkeit begründet:

> Der *Herr der Ringe* ist natürlich ein von Grund auf religiöses und katholisches Werk; unbewußtermaßen zuerst, aber bewußt im Rückblick. Deshalb habe ich so gut wie nicht hereingebracht, oder vielmehr alles weggelassen, was auf irgend etwas wie ‚Religion' hinweisen könnte, auf Kulte oder Bräuche in der imaginären Welt. Denn das religiöse Element ist in die Geschichte und ihr Symbolik eingelassen.[51]

An dieser in verschiedener Hinsicht bemerkenswerten Erklärung fällt auf, dass die Religionslosigkeit als *Folge* der Religiosität des Werkes hingestellt wird. Die Religiosität soll sich in der ‚Tiefe' des Textes manifestieren, und damit das möglich ist, darf die Religion als Bestandteil der Diegese nicht vorkommen. Mit der „Geschichte und ihrer Symbolik" meint Tolkien freilich nicht die allegorische Ebene, die er ablehnte, weil sie die dargestellte Welt gewissermaßen entwertet (daher hatte er nichts übrig für die Idee seines Freun-

[49] Bidlo: Mythos Mittelerde, S. 69.

[50] Shippey: J.R.R. Tolkien. Autor des Jahrhunderts, S. 225.

[51] Tolkien: Briefe, S. 228 (Nr. 142).

des C.S. Lewis, den Löwen Aslan in seinen *Chroniken von Narnia* zu einer Christus-Allegorie auszubauen). Wenn es aber darum geht, die dargestellte Welt nicht zum allegorischen Bedeutungsträger zu degradieren, dann gilt zunächst einmal die Feststellung, dass das Funktionieren von Gesellschaften ohne religiöse Institutionen in der Fantasy-Welt als möglich dargestellt wird.
Man kann verschiedene Reste aus dem religiös-kultischen Bereich aufführen, die in der Welt von Mittelerde zu finden sind[52]: dass die Rohirrim ihre Toten mit Grabbeigaben in Hügelgräbern bestatten (HdR III, 333ff.); dass die Gondorer sich vor ihren Mahlzeiten nach Westen gen Númenor wenden (HdR II, 376); dass Gandalf die eigenmächtige Selbsttötung Denethors mit dem Brauch der „götzendienerischen Könige unter der Herrschaft der Dunklen Macht" (HdR III, 166) begründet.
Wie man sieht, geht es hier weniger um Fragen des Glaubens als um Zeremonien und Bräuche, deren Nennung dazu beiträgt, die Gesellschaften in Mittelerde zu unterscheiden und zu charakterisieren. Am deutlichsten wird das, als Frodo und Sam von Faramir über die Sitte der Gondorer aufgeklärt werden, vor dem Beginn der Mahlzeit „nach Númenor" zu blicken, „und jenseits davon nach Elbenheim, das ist, und nach dem, was jenseits von Elbenheim ist und immer sein wird", um dann die Frage anzuschließen: „Habt ihr keine solche Sitte bei den Mahlzeiten?" (HdR II, 376) Nein, das haben die Hobbits nicht, die sich deswegen „seltsam bäurisch und unerzogen" (HdR II, 377) vorkommen. Sie fragen aber nicht nach, was dieser Brauch bedeutet, sie interessieren sich nicht dafür, welcher Glaube sich in ihm widerspiegelt.
Bei den Hobbits gibt es offensichtlich keinen Hauch von Transzendenz, kein Bedürfnis danach. Sie sind vollkommen diesseitig. Dass sie kein Jüngstes Gericht benötigen, keine tröstende Jenseitsvorstellung und keine Hölle, teilen sie mit den übrigen Sterblichen in Mittelerde, aber darüber hinaus verzichten sie auch bei allen ihren Tätigkeiten „auf jederlei religiöse Weihe", wie der ratlose Tom Shippey vermerkt:

> Wir wissen, daß sie Ehen schließen, und können vermuten, daß dies etwa in den Formen geschieht wie bei Tolkiens Zeitgenos-

[52] Vgl. Shippey: J.R.R. Tolkien. Autor des Jahrhunderts, S. 226f.

> sen. Aber sie haben keine Kirchen, und wir haben keine Ahnung, wer die Trauung vornimmt: Der Bürgermeister eine ‚Ziviltrauung'? Der Thain? Oder einer der Landbüttel? Die Hobbits haben genau geführte Ahnentafeln, aber anscheinend keine Grabsteine oder Begräbnisstätten, weder auf Friedhöfen noch anderswo.[53]

Diese Art und Weise, über Leerstellen in der dargestellten Welt zu spekulieren, mag methodisch fragwürdig erscheinen; aber sobald die Gattung mit dem Anspruch antritt, eine phantastische Anderswelt zu konstruieren, wird sie provoziert. In einem realistischen Roman des 19. Jahrhunderts müssen gewiss keine Kirchen vorkommen, um den Leser vor dem Verdacht zu bewahren, es gäbe womöglich keine. Und gewiss darf man nicht schließen, dass die Hobbits ihre Toten einfach herumliegen lassen, aber der Text funktioniert offensichtlich so, dass möglichst wenig vom Umgang der Hobbits mit den ‚letzten Dingen' gesprochen wird. Denn in diesen ‚letzten Dingen' stellt sich wiederum die Frage nach der institutionellen Einrichtung ihres Lebens und nach dessen *Grund*. Der Text weigert sich, den Hobbits einen *Grund* zu geben. Das macht sie abgründig. Das macht sie phantastisch.

Religion phantasieren. Die Religionslosigkeit, die insgesamt im *Herrn der Ringe* zu beobachten ist, lässt sich aus der Religiosität ihres Autors zunächst dadurch ableiten, dass jede manifeste Darstellung einer Religionsausübung entweder mit der christlichen Religion zur Deckung gebracht werden könnte oder aber ihr widerspräche. Eine im strengen Sinne christliche *Fantasy*-Welt würde, da das Christentum eine *geoffenbarte* Religion ist, voraussetzen, dass die Menschwerdung Jesu Christi auch in der Anderswelt geglaubt würde oder sich auf eine duplikathafte Weise noch einmal zugetragen hätte.[54] Mit diesem *Bezugspunkt* wäre sie aber keine wirkliche Anderswelt mehr. Die Darstellung von Religionen hingegen, die in einem manifesten Widerspruch zur christlichen Lehre stehen, ist für einen gläubigen Christen vor allem deshalb nicht

---

[53] Shippey: J.R.R. Tolkien. Autor des Jahrhunderts, S. 226.

[54] Letzteres ist beispielsweise der Fall bei der Religion der Ädoniter in der Trilogie *Das Geheimnis der Großen Schwerter* von Tad Williams.

zu vertreten, weil in dieser Welt das *wahrhaft* Gute siegen soll. Schon dies deutet darauf hin, dass die Religionen, die auf manifeste Weise in den Anderswelten der *Fantasy* auftauchen, immer eher die *falschen* Religionen sein werden. Dies gilt nämlich in gewisser Weise auch dann, wenn sich der jeweilige Schöpfer der Sekundärwelt nicht durch seinen Glauben gebunden fühlt. Denn dann werden die Religionen überhaupt als austauschbar betrachtet.

Daraus folgt, dass die Ausprägungen von Religion in *Fantasy*-Romanen tendenziell der Willkür ausgeliefert sind. Stefan Servos wundert sich in einem Aufsatz über die „Gnostiker in Mittelerde" eingangs darüber, dass den „Variationen der religiösen Darstellung" in der *Fantasy* „keine Grenzen gesetzt sind", während im *Herrn der* Ringe, der „unumstrittenen Vorlage für alle nachkommenden Fantasy-Romane", der völlige Verzicht auf diese Gestaltungsmöglichkeiten vorliegt.[55] „Es gibt Milliarden von Göttern", dekretiert etwa Terry Pratchett in seinem Scheibenwelt-Roman *Einfach göttlich* vollmundig[56], aber in Mittelerde wird der Name Gottes gar nicht in den Mund genommen. Was im *Herrn der Ringe* eine Leerstelle ist, wird in der späteren Fantasy-Literatur besetzt. Die Beliebigkeit jedoch, mit der die spätere Fantasy-Literatur die religiöse Darstellung variiert, ist nur die Bestätigung dafür, dass die Transzendenz in der Anderswelt strukturell gesehen eine Leerstelle ist. Diese beliebigen Religionen sind haltlos und verdienen keinen Glauben. In diesem Sinne kann man sagen: Religionen lassen sich nicht phantasieren. Phantasierte Religionen sind nur Karikaturen höherer Mächte.

Umgekehrt ist die Religionslosigkeit der Hobbits die Voraussetzung dafür, dass wir uns mit ihrer Hilfe in diese Welt namens Mittelerde hineinbegeben können, dass sie als „Brücke"[57] fungieren – und zwar unabhängig davon, ob wir uns selbst als religionslos auffassen. Letztlich beruht die Gattung *Fantasy* auf einem fundamentalen Nicht-Glauben, der immer dort spürbar wird, wo sich die Religion innerhalb der Diegese mit Ritualen, Glaubensinhalten und Dogmen aufdrängt, die uns fremd sind und die uns befremden. Die Hobbits vermögen als *unsere* Brücke zu fungieren, obwohl wir – bei näherer Betrach-

[55] Servos: *Ilúvatar, steh uns bei!* Gnostiker in Mittelerde – Laientheologisches über Religion in J.R.R. Tolkiens Legendarium, S. 146.

[56] Pratchett: Einfach göttlich. Ein Roman von der bizarren Scheibenwelt, S. 11.

[57] Shippey: J.R.R. Tolkien. Autor des Jahrhunderts, S. 91.

tung – nicht verstehen können, wie sie *möglich* sind, wenn sie sich auf nichts *gründen* können.
Allerdings ist es eine sehr komplexe Konstellation, die dieses Resultat hervorbringt. In einem Brief an seinen Verleger erklärt Tolkien über die Anderswelt des *Herrn der Ringe*:

> Es ist eine monotheistische Welt von ‚natürlicher Theologie'. Der merkwürdige Umstand, dass es darin keine Kirchen, Tempel, religiösen Riten und Zeremonien gibt, gehört schlicht zum theologischen Klima. Dies wird zur Genüge erklärt werden, wenn [...] das Silmarillion und andere Sagen des Ersten und Zweiten Zeitalters veröffentlicht werden.[58]

Das riesige Konvolut von Texten, auf das Tolkien sich hier unter dem Namen *Silmarillion* bezieht, lag zum Zeitpunkt der Entstehung des *Herrn der Ringe* schon lange vor. Teils Kosmogonie, teils „Parallelmythologie"[59], teils Chronik, enthält dieses eigentliche Hauptwerk bekanntlich eine monotheistische Theologie mit dem Schöpfergott Eru Ilúvatar und von ihm geschaffenen Valar, die in etwa die Stellung von Halbgöttern oder Engeln haben. Die Ereignisse des Ringkrieges mit dem Ende des Dritten Zeitalters stellen nur eine Art Appendix in diesem Panorama dar. Ist es also doch möglich, eine Religion zu phantasieren, die keine Karikatur ist? Kein Zweifel, dass das möglich ist – nur ist der *Status* dieser Religion fraglich. Denn die Religion hängt mit dem Status der Texte zusammen, in denen sie entwickelt wird. *Innerhalb eines Romans* wird eine Religion, die sich in Ritualen, Glaubensinhalten und Dogmen manifestiert, zu einer willkürlichen Karikatur, die bestenfalls jene charakterisiert, die an sie glauben. Dies geschieht erstens durch die Willkürlichkeit in den geschilderten Besonderheiten der phantasierten Religion, zweitens dadurch, dass sich verschiedene Religionen verschiedener Völker gegenseitig relativieren, drittens durch die Position der narrativen Instanz, die gegenüber der phantasierten Religion neutral bleibt, sowie viertens dadurch, dass die Ro-

---

[58] Tolkien: Briefe, S. 290 (Nr. 165).

[59] Shippey: J.R.R. Tolkien. Autor des Jahrhunderts, S. 290.

manform auch von ihrer Tonlage her kein geeignetes Medium für die Vermittlung von Religion ist.

Es wurde bereits ausgeführt, dass ein *Fantasy*-Roman nicht mit dem Anfang anfängt. Das *Silmarillion* ist kein Roman, und die Schöpfungsgeschichte, mit der er beginnt, ist dem hohen Ton eines Heiligen Textes nachempfunden. Es handelt sich – was den Status betrifft – nicht um einen fiktionalen Text, der einer narrativen Instanz, einem extra-heterodiegetischen Erzähler zugeschrieben werden kann. Es wird vielmehr fingiert, dass der Text aus der Welt kommt, von der er handelt, auch wenn er das nicht explizit behauptet. So wollte J.R.R. Tolkien seinem Sohn zufolge das *Silmarillion* verstanden wissen: „als eine Sammlung [...], als ein Kompendium von Erzählungen, das viel später aus höchst unterschiedlichen Quellen (Gedichten, Geschichtswerken, mündlichen Berichten), welche die Zeitalter überdauert hatten, zusammengestellt wurde“ (Sil, 16). Es geht also um *Überlieferung*. Wie man sich die Überlieferung konkret vorstellen kann, zeigt der frühe Entwurf der Schöpfungsgeschichte, die „Musik der Ainur“, wie sie Eriol im *Buch der verschollenen Geschichten* auf seine Frage hin von Rúmil erzählt wird, und zwar mit der Einschränkung, die „wahre Antwort lieg[e] jenseits der Grenzen der ewigen Zeit, wohin selbst der Blick Rúmils, des Uralten der Noldoli, nicht dringen kann“ (BvG I, 77). Diese Konkretion der Überlieferungssituation in einer Erzähl-Szene verlangt aber nun freilich wieder eine narrative Instanz, die sie erzählt, wodurch die Frage nach dem *Status* dieser Instanz wieder zurückkehrt. Mit ihr geht einher, dass die Gültigkeit des Erzählten relativiert wird. Das veröffentlichte *Silmarillion* hingegen gibt die „Musik der Ainur“ (*Ainulindale*) ohne Kontext, ohne Rahmen wieder.

Was dadurch vollendet wird, ist eine fundamentale, allerdings paradoxe (bzw. tautologische) Schließung – und nach Maßgabe dieser Schließung ist eine phantasierte Religion möglich: Die im *Silmarillion* niedergelegte Schöpfungsgeschichte, in der Eru Ilúvatar die Welt aus der Musik der Ainur entbindet, beansprucht, obwohl sie *in* dieser Welt entstanden ist, eine unbedingte Gültigkeit *für* diese Welt. Man mag das für nicht so verwunderlich halten, da es sich ja bei allen religiösen Gründungstexten so verhält. Auch die Genesis ist innerhalb der Welt entstanden und beansprucht Gültigkeit für diese Welt. Der Unterschied ist, dass der biblischen Schöpfungsgeschichte dieser An-

spruch sinnvoll *bestritten* werden kann – es gibt zum Beispiel auch andere, konkurrierende Schöpfungsgeschichten. In der Welt von Mittelerde aber gibt es keine derartige Konkurrenz. Und da es niemanden gibt, der die Schöpfungsgeschichte *innerhalb* von ‚Tolkiens Welt' bestreitet, ist auch für uns, die Leser, ein sinnvoller Zweifel daran nicht möglich.[60]
Warum aber ist innerhalb von ‚Tolkiens Welt' ein Zweifel an Eru Ilúvatar nicht möglich? Dafür – also sozusagen für das Fehlen von Erkenntniskritik und Textkritik – kann es keinen zureichenden Grund geben. Gewiss ist allerdings, dass durch das Fehlen jedes Zweifels der Umstand außer Betracht bleibt, dass die Religion in ‚Tolkiens Welt' keine *geoffenbarte* Religion ist. Sie ist gültig, obwohl Gott *nicht* hernieder steigt oder jemandem etwas diktiert. In diesem Sinne spricht Tolkien eben von „eine[r] monotheistische[n] Welt von ‚natürlicher Theologie'". Wohlweislich ist die natürliche Theologie dabei in Anführungsstriche gesetzt. Denn dieser Begriff ist ein Kind der Aufklärung, sozusagen ein Vorschlag zur Güte, dass alle Religionen, die bestimmte Kriterien erfüllen, als gleichberechtigt angesehen werden können. Der Monotheismus ist eines dieser Kriterien. In ‚Tolkiens Welt', wo es keine unterschiedlichen Religionen und keine – etwa durch das Erzählen einer Ringparabel zu schlichtenden – Glaubensstreitigkeiten gibt, ist dieser Monotheismus gewissermaßen potenziert oder – denkt man an die Hobbits – auf einen Nullpunkt gebracht. Es gibt gar nichts, woran man glauben sollte oder zweifeln könnte; es bleibt nur ein „Klima".[61]

---

[60] Der Umstand, dass man zwischen der Religion, die in ‚Tolkiens Welt' gilt, und der Religion, die für die Wesen in dieser Welt gilt, nicht unterscheiden kann, führt in den Diskussionen in der Sekundärliteratur über dieses Thema immer wieder zu Verwirrungen.

[61] In der gedrängten Darstellung des Untergangs von Númenór im *Silmarillion* (im Zweiten Zeitalter) wird allerdings die Meneltarma, die heilige Stätte Erus, unter dem Einfluss von Sauron durch den Götzendienst an Melkor ersetzt. Mit dem Ende von Númenór endet aber diese Referenz. Dazu Tolkien in einem weiteren Brief: „Obwohl also Gott (Eru) in der Philosophie der guten Númenórer vorausgesetzt wurde und für ihre Geschichtsauffassung eine Urtatsache war, hatte Er zur Zeit des Ringkrieges keine Anbeter und keine heiligen Stätten. Und diese Art negativer Wahrheit war charakteristisch für den Westen und das ganze Gebiet unter númenórischem Einfluß: die Weigerung, irgendeine ‚Kreatur' anzubeten, schon gar nicht einen ‚dunklen Herrscher' oder satanischen Dämonen, Sauron oder wen auch immer, war fast alles, was sie zuwege brachten." (Tolkien: Briefe, S. 272; Nr. 156). Dies ist als ein innerfiktionaler Erklärungsversuch zu betrachten, warum in der Welt des *Herrn der Ringe* Transzendenz keine

Rückwärtsgewandtheit. Eriol, der in dem bereits im ersten Weltkrieg verfassten *Buch der verschollenen Geschichten* auf der Insel Tol Eressea Rúmils Bericht über die Musik der Ainur lauscht, ist der erste Sterbliche, der das *Ainulindale* vernimmt, das zuvor nur als mündliche elbische Überlieferung unklaren Ursprungs zirkulierte. Jedenfalls wird Rúmil später (im *Silmarillion*) als Erfinder der Schrift eingeführt (vgl. Sil 74) und das *Ainulindale* wird ihm zugeschrieben.[62] Das *Silmarillion* (und mit ihm das *Ainulindale*), das J.R.R. Tolkiens Sohn Christopher ohne fiktive Situierung in ‚Tolkiens Welt' veröffentlicht hat, sollte wahrscheinlich – so seine Vermutung – Bestandteil des umfänglichen *Roten Buches* sein, das Bilbo zusammengestellt und übersetzt, und dann Frodo zur Vervollständigung übergeben hat.[63] Wie dem auch sei, in jedem Falle haben die Elben offensichtlich kein Interesse daran, die Wahrheit über den Ursprung der Welt und die Existenz des Schöpfergottes zu *verkünden*. Es ist, als ob es sich nicht um Texte handelte, die *in Kraft* sind, sondern um gelehrte Dinge von antiquarischem Interesse.

In ‚Tolkiens Welt' gibt es keine Theologen, aber dafür gibt es Philologen und vor allem Historiker, die sich mit der Überlieferung beschäftigen, ohne sich mit Fragen über deren Geltung aufzuhalten. Insbesondere die Elben sind im *Herrn der Ringe* auf eine sehr grundsätzliche Weise rückwärtsgewandt. Das gilt nicht nur, weil sie in einem langsamen Exodus begriffen sind, um Mittelerde endgültig den Sterblichen und ihren Gelüsten zu überlassen. Eine der sich beim Lesen des *Herrn der Ringe* am meisten aufdrängende Empfindung ist die, dass die Welt, in die wir hier eintauchen, eine schwindende Welt ist. Diese Empfindung gilt es in ihrer poetologischen – und religiösen – Dimen-

---

Rolle spielt. Es fragt sich, inwiefern Tolkien den Transzendenzmangel hier glaubt beobachten zu können, den er als Schöpfer dieser Welt doch selbst hergestellt hat. Es scheint, dass die ‚historische' Erzählung, wie es zu dem Transzendenzmangel gekommen ist, dessen ‚logische' Notwendigkeit verdeckt. Argumentiert man allerdings mit einer angenommenen inneren Logik der Anderswelt als Zweitschöpfung, so hebt sich dieser Unterschied auf, und die Zweitschöpfung entwickelt sich in ihrer zeitlichen Dimension nach einer immanenten Gesetzmäßigkeit – hierzu unten mehr.

[62] Vgl. die Auslassungen von Christopher Tolkien in BvG I, 78.

[63] Christopher Tolkien stellte später fest, dass es „ein Fehler" gewesen sei, *Das Silmarillion* so zu veröffentlichen, dass es „keinen ‚Rahmen'" hat und „keine Vorstellung von dem" vermittelt, „was es ist und wie es (in der erfundenen Welt) entstand" (BvG I, 11).

sion zu erhellen (und dabei zu verstehen, dass dies die Bedingung unseres Eintauchens ist).

Zunächst einmal ist diese Empfindung mit dem Effekt der ,Tiefe' verknüpft. Wie immer wieder gesagt wird, erhält die im Herrn der Ringe erzählte Welt ihre ,Tiefe' dadurch, dass eine lange Vergangenheit – eine unvordenkliche Altvorderenzeit, ein Erstes und ein Zweites Zeitalter – evoziert werden, mit dem die mehr oder weniger geschichtslosen Hobbits (und damit auch wir) nach und nach in Umrissen und Bruchstücken in Kontakt kommen. Der *Fantasy*-Roman entsteht als Entfaltung einer unerzählten Welt, die notwendigerweise – auf der gattungslogischen Ebene – sehr viel *größer* als der Roman ist *und es immer bleiben wird*. Dieser Sachverhalt hat eine räumliche Dimension (die Landkarten zeigen die Beschaffenheit der Welt über die Schauplätze der erzählten Geschichte hinaus, sie zeigen sagenumwobene und unentdeckte Gebiete usw.), vor allem aber hat sie eine zeitliche Dimension. Je mehr Vergangenheit sich angehäuft hat, desto ,später' ist derjenige, der in der durch die Handlungsebene des *Herrn der Ringe* definierten Gegenwart ihrer Spuren in Form von Erzählungen, Liedern und Namen gewahr wird.

Diese Handlungsebene bestimmt auch die Perspektive auf den *Silmarillion*, auch wenn die verschiedenen Mythen, Sagas und Chroniken von Tolkien nicht für diesen Rahmen erdacht und verfasst worden waren. Während die Geschehnisse im *Fantasy*-Roman *Der Herr der Ringe* aus der Nähe geschildert werden, vermitteln die Geschehnisse im *Silmarillion* den Eindruck von *Ferne*. Diese Ferne ist zunächst eine Ferne der *Gattung* (und der Tonlage), die sich dann im zweiten Schritt automatisch in eine Ferne der Zeit verwandelt. Der Leser des *Silmarillion* müsse, so Christopher Tolkien, „*in der erzählten Zeit* einen Bezugspunkt" haben, „von dem aus er zurückblicken kann": „Wenn man *Das Silmarillion* liest, muss man sich in Gedanken in das ausgehende dritte Zeitalter versetzen". Unter der Voraussetzung dieser Rückwärtsgewandtheit vermittle dann die „gedrängte oder verkürzende Schreibart" dieses Konglomerats „eine Ahnung von Zeitaltern voller Poesie" und einen Eindruck von „unerzählten Geschichten" – „auch dann noch, wenn diese erzählt werden", denn „der Eindruck von ,Ferne' geht nie verloren" (BvG I, 11).[64]

[64] Vgl. auch Shippey: J.R.R. Tolkien. Autor des Jahrhunderts, S. 316.

Das, was hier erzählt wird, kann nie Roman werden. Aber wir sollen es vom Roman her auffassen.

Das, was auf diese Weise in der vom Roman aus vorgegebenen Rückwärtsgewandtheit aufgefasst wird, ist nicht erbaulich. Es ist keine Fortschrittsgeschichte, sondern eine Geschichte der Verstrickungen. Verwandtschaftsverhältnisse spielen dabei eine so tragende Rolle, dass Tom Shippey sagt, man könne *Das Silmarillion* im wesentlichen „als komplexe Tragödie der Blutvermischung ansehen".[65] Die darin enthaltenen Sagen sind keine im Sinne der Brüder Grimm, sondern *Sagas*, wie sie insbesondere aus den nordischen Erzähltraditionen bekannt sind. André Jolles hat in seinem Grundlagenwerk *Einfache Formen* diese Form der Sage analysiert. Die spezifische „Geistesbeschäftigung", die er jeder einfachen Form zuordnet, deutet sich ihm zufolge „mit den *Kennworten Familie, Stamm, Blutsverwandtschaft* an".[66] Das sind die Kategorien, anhand derer sich die Texte auf die Welt beziehen, der Leitfaden, anhand dessen ohne weitere Detaillierung erzählt wird. Zwar ist das *Silmarillion* keine Sage, aber die Geistesbeschäftigung der Sage, die genealogische Dimenension, spielt darin eine entscheidende Rolle, wie es nach Jolles dann auch in der „Kunstform Epos"[67] regelmäßig der Fall ist.

Es ist nun kein Zufall, dass das nordische Erzählgut, in dem man das Paradigma der Form *Saga* erblicken darf, zugleich das Modell für Tolkiens Projekt gewesen ist, wie es sich lange vor dem *Herrn der Ringe* abgezeichnet hat. Natürlich hat seine Profession als historisch-vergleichender Sprachwissenschaftler dabei eine entscheidende Rolle gespielt. Man sollte diese Profession aber nicht nur zur Erklärung seines Oeuvres heranziehen als vielmehr eine Betrachtung darüber anstellen, inwieweit die Rückwärtsgewandtheit, die in dieser Profession ihre Nahrung findet, als eine strukturelle Voraussetzung der Gattung *Fantasy* zu gelten hat, deren Mittelalterfixiertheit ja bekannt ist. Dass dieses phantasierte Mittelalter weder mit dem wirklichen noch mit dem überlieferten Mittelalter viel zu tun hat, versteht sich von selbst. Worum es

---

[65] Shippey: J.R.R. Tolkien. Autor des Jahrhunderts, S. 298.

[66] Jolles: Einfache Formen, S. 75. Es wäre ein interessanter Forschungsgegenstand, sich zu fragen, welche der hier im Untertitel aufgeführten einfachen Formen bei Tolkien mit welcher Funktion Verwendung finden.

[67] Jolles: Einfache Formen, S. 79.

geht, sind die Transformationsregeln, denen sich dieses ‚Mittelalter' verdankt. Was Tolkien von seinen Nachfolgern unterscheidet, ist nicht nur, dass er ein profunder Kenner der mittelalterlichen Literatur war, sondern auch, dass bei ihm das Problem der Rückwärtsgewandtheit (das in der Mittelalterfixiertheit zum Ausdruck kommt) in seiner Gattungsdimension reflektiert wird.
Mit guten Gründen meint Tom Shippey, als „literarisches Vorbild" Tolkiens für das *Silmarillion* käme nur Snorri Sturlusons *Prosa-Edda* in Frage. Wie die isländische *Prosa-Edda* aus dem frühen 13. Jahrhundert sei das *Silmarillion* eine „Sammlung heidnisch-mythologischer Texte, angelegt von einem Mann, der selber alles andere als ein Heide war, der aber nicht zusehen wollte, wie die altüberlieferte Dichtung in seiner Muttersprache für immer verschwand".[68] Auch die Prosa-Edda verdankt sich also einem rückwärtsgewandten Blick. Aber die Rückwärtsgewandtheit hat hier zusätzlich eine religiöse Dimension. Ein christlicher Dichter und Historiker blickt zurück auf eine mehr oder weniger versunkene Zeit, die nicht nur durch eine heidnische Mythologie, sondern auch durch Sagen und ihre mit dem Christentum letztlich inkompatible Geistesbeschäftigung mit der Genealogie und der Blutsverwandtschaft geprägt ist.[69] In wie immer verdeckter Form hat diese religiöse Dimension der Rückwärtsgewandtheit insofern eine Analogie in der Gattung *Fantasy*, als auch diese aus dem Kontext des christlichen Abendlandes heraus in eine phantasierte Welt blickt, in der das Christentum nicht vorkommen kann und die deshalb – in gewisser Weise – *heillos* sein muss.
Tolkien selbst hat dies in seinem Essay *Beowulf – The Monsters and the Critics* sehr genau reflektiert, denn der unbekannte Verfasser dieses bedeutendsten literarischen Denkmals angelsächsischer Sprache behandelte im achten Jahrhundert ebenfalls als Christ eine heidnische Zeit. Es spielt keine Rolle, ob Tolkiens *Beowulf*-Deutung zutrifft oder nicht, worauf es ankommt, ist der Modell-Charakter, den er diesem etwa dreitausend Verse umfassenden Gedicht implizit zuerkennt, dessen Titelheld zunächst das Ungeheuer Grendel sowie dessen Mutter besiegt, um schließlich einige Zeit später im Kampf gegen einen Drachen sein Leben zu verlieren. Für Tolkien ist *Beowulf* „kein ‚ur-

[68] Shippey: J.R.R. Tolkien. Autor des Jahrhunderts, S. 317.

[69] „So ist es kein Zufall, daß die Islendinga saga dort aufhört, wo das Christentum, besser gesagt die christliche Kirche, einsetzt" (Jolles: Einfache Formen, S. 78).

tümliches' Gedicht, er ist ein spätes, das die [...] Stoffe einer schon im Wandel und Erlöschen begriffenen Zeit verwendet, einer Zeit die nun für immer dahin ist und im Schlund des Vergessens ruht; er verwendet sie für seine Zwecke, mit einer weiter ausschwingenden Phantasie [...]." (Beo 189) Die Kluft zwischen dem rückwärtsgewandten christlichen Verfasser und der Zeit, in die er zurückblickt und die er Tolkien zufolge als „heidnisch, edel und hoffnungslos" empfinden muss, wird nicht zuletzt dadurch überbrückt, dass in *Beowulf* sowohl „alles im engeren Sinne Christliche" wie auch „die alten Götter weggelassen" (Beo 170) wurden. Tolkien entdeckt im *Beowulf* also eben jenes Vorgehen des Ausblendens manifest religiöser Inhalte, das er in ganz anderer Weise selbst im *Herrn der Ringe* wird anwenden müssen.

Wenn Tolkien „zeitlebens die christliche Religion, an die er ehrlich glaubte, mit den Resten des vorchristlichen Glaubens seiner Vorfahren zusammenführen"[70] wollte, so war dies nur möglich um den Preis einer Reinigung von manifest religiösen Inhalten. Aus wie immer umgearbeiteten Partikeln und Motiven des nordischen Erzählgutes ist ,Tolkiens Welt' errichtet. Sie verdankt sich einem Blick, der sich auf eine unaufhebbar ferne Vergangenheit richtet und allem Schönen zum Trotz letztlich vor allem eine Kette heilloser Verhängnisse erblicken muss. Mit einem etwas unreflektierten Pathos bemerkt Tom Shippey, das *Silmarillion* sei „jedenfalls trauriger als alles, was in der Literatur des zwanzigsten Jahrhunderts normalerweise geduldet wird".[71] Er vergisst, dass es sich auch hier um eine Gattungsfrage handelt, bzw. um eine Frage der Dichtungsart. *Beowulf*, so erklärt Tolkien selbst, sei „sozusagen ein Blick zurück in den Abgrund, von einem Mann, der sich in alten Erzählungen auskennt" und die „ihnen gemeinsame Tragik unausweichlichen Verderbens" nachvollziehen könne, sie jedoch *„poetischer"* empfinde, „weil er selbst dem unmittelbaren Druck ihrer Verzweiflung entrückt war". (Beo 172)

Hier wird die Heillosigkeit, die sich dem rückwärtsgewandten Blick verdankt, umstandslos dem dargestellten Gegenstand untergeschoben. Darin schlägt sich ein spezifisches Verhältnis des Dichters zu seinem Stoff nieder – nämlich jenes, das Friedrich Schiller in seiner Abhandlung *Über naive und sentimentalische Dichtung* „sentimentalisch" nennt: Der sentimentalische

[70] Shippey: J.R.R. Tolkien. Autor des Jahrhunderts, S. 314.

[71] Shippey: J.R.R. Tolkien. Autor des Jahrhunderts, S. 303.

Dichter nimmt sich wahr als jemand, der *abgetrennt* ist von den Gegenständen, die er darstellt, er „*reflektiert* über den Eindruck, den die Gegenstände auf ihn machen und nur auf jene Reflexion ist die Rührung gegründet, in die er selbst versetzt wird, und uns versetzt".[72] Eine der beiden hauptsächlichen Empfindungsweisen sentimentalischer Dichtung ist nach Schiller das *Elegische*. Es nimmt daher nicht wunder, dass Tolkien bei seiner Diskussion der Gattungsfrage des *Beowulf* zu der Einschätzung gelangt, es handle sich um ein „heroisch-elegisches Gedicht". (Beo 186)
Es geht hier nicht darum, die Verfassung zu beschreiben, aus der heraus ‚Tolkiens Welt' entstanden ist, sondern darum, die Logik freizulegen, die der Gattung *Fantasy* zugrunde liegt. Auf dieser strukturellen Ebene ist die Anderswelt der *Fantasy*-Romane an eine Rückwärtsgewandtheit gebunden, die gewissermaßen an die Stelle der Religion tritt und mit einer wesenhaften *Ferne* zu den Verhältnissen der dargestellten Welt einhergeht. Diese wesenhafte Ferne, die im *Silmarillion* exemplarisch zur Entfaltung kommt, ist die Voraussetzung für die Anderswelt des *Fantasy*-Romans. Der *Fantasy*-Roman selbst beruht darauf, diese Ferne zu überspringen und eine *Nähe* herzustellen, den Anschein von Gegenwärtigkeit zu erzeugen. So auch der *Herr der Ringe*. Die ihm zugrundeliegende sentimentalische Empfindungsweise (im Sinne Schillers) kann auf diese Weise zwar verdeckt werden[73], der Eindruck der ‚Tiefe' wird aber nur in dem Maße entstehen können, in dem die Rückwärtsgewandtheit *in diese Welt* eindringt und die Ferne in ihr spürbar wird.

[72] Schiller: Über naive und sentimentalische Dichtung, S. 38.

[73] Die folgende Bemerkung Schillers über die Rezeption sentimentalischer Dichtung trifft auf die Rezeption von *Fantasy* in besonderer Weise zu: „Von dem naiven Dichter wendet man sich mit Leichtigkeit und Lust zu der lebendigen Gegenwart, der sentimentalische wird immer, auf einige Augenblicke, für das wirkliche Leben verstimmen" (Schiller, Über naive und sentimentalische Dichtung, S. 76).

4. Ringe

Der Schatten der Vergangenheit. So ist das zweite Kapitel der *Gefährten* betitelt, in dem der Hobbit Frodo von Gandalf erfährt, was es mit dem Ring auf sich hat, der ihm von Bilbo widerwillig überlassen worden ist. Den Hobbits an und für sich eignet – wie auch aus dem Gesagten bereits hervorgeht – keinerlei Rückwärtsgewandtheit. In einem Idyll leben bedeutet in der Gegenwart leben. Der Schatten, der sich in diesem Kapitel über die Idylle legt, kommt zwar aus der Vergangenheit, meint aber eine drohende Zukunft. Und erst die zukünftige Dimension macht ihn für die Hobbits relevant. Sie macht sich zunächst bemerkbar durch eine erhöhte *Durchlässigkeit* des Auenlandes, das ja ohnehin nicht als ein Territorium mit festen Grenzen aufzufassen ist.
Noch bevor er von Gandalf über die Bewandtnis des Ringes in Kenntnis gesetzt wird, betätigt sich Frodo als Nachrichtensammler und wird zum Seismographen der Veränderungen. Schon dies macht ihn latent zu einem Fremdkörper im Auenland, was ihn in klassischer Weise dazu prädestiniert, zu den geordneten Verhältnissen, in denen er beheimatet ist, in Gegensatz zu treten, eine Grenze zu überschreiten und auf diese Weise zum Handlungsträger zu werden.[74] Er verspürt einen diffusen *Zug*, der sich vor allem in einer Tätigkeit der Phantasie bemerkbar macht: Er macht sich „Gedanken" über die „unbewohnten Gegenden" und „seltsame Phantasiebilder von Bergen, die er nie gesehen hatte, tauchten in seinen Träumen auf" (HdR I, 72). Die Phantasietätigkeit ist ein Indikator.[75]
Es gibt ein diskursives Phänomen, das mit der Phantasietätigkeit verknüpft ist, weil es sie sowohl in Gang setzt und beflügelt wie auch zum Ausdruck bringt. Das ist das *Gerücht.* Die Nachrichten, die Frodo sammelt, sind „Gerüchte […] über merkwürdige Dinge, die draußen in der Welt geschahen"; so unterhält er sich mit „fremde[n] Zwerge[n], die im Westen Zuflucht" suchen, und bisweilen „im Flüsterton von dem Feind und dem Lande Mordor" sprechen und von der „böse[n] Macht", die sich wieder ausbreitet (HdR I, 73). Über den Namen Mordor, der „wie ein Schatten" über den Erinnerungen der Hobbits liegt, verknüpfen sich die neuen Gerüchte mit den „Sagen

[74] Vgl. Lotman: Künstlerischer Raum, Sujet und Figur.

[75] „Phantasiebilder" übersetzt hier allerdings das Wort „visions" (vgl. LotR I, 56).

der dunklen Vergangenheit“ (die ja nichts anderes sind als verfestigte Gerüchte). Während die Gerüchte („rumours“, LotR I, 56) und die Sagen („legends“, LotR I, 57) in ihrer Zirkulation keine Grenzen kennen, überwindet die Phantasie die Grenzen in ihrem *Schweifen*. Diesem Schweifen wird im Text anhand eines Gespräches, das Sam im Wirthaus *Zum Grünen Drachen* führt, das Verhalten der gewöhnlichen Hobbits gegenübergestellt. Zwar hören, wie es heißt, sogar „die Taubsten und die hartnäckigsten Stubenhocker [...] sonderbare Erzählungen“, aber sein Gesprächspartner Timm Sandigmann und die übrigen anwesenden Hobbits ziehen die Gerüchte ins Lustige und dichten sich gegenüber den Anzeichen der Veränderung ab. Anders als Sam, den die „Sagen“ und die „Bruchstücke von Märchen“ (HdR I, 75) über die Elben schon immer tief bewegt haben, verweigern sie das Schweifen der Phantasie und beschränken ihre Gedanken auf das gehegte Gebiet, in dem die Macht scheinbar nicht vorkommt.

Der Ring, von dem der wiedergekehrte Gandalf seinem aktuellen Besitzer Frodo berichtet, verknüpft das Auenland mit seinem Komplement – mit Mordor. Während sich im Auenland, wo die Macht nicht zuhause ist, der Ring der Macht befindet, fehlt er in Mordor, wo die Macht zuhause ist. Der Ring des größten Machthabers von Mittelerde befindet sich in den Händen der kleinsten Bewohner von Mittelerde. Dass der Ring, der ja zunächst einmal eine kleine Sache und ein kleines Ding ist, zu einem bleibenden Faszinosum werden kann, hängt mit dieser Grundopposition zusammen.

Die Idee des Rings. Zweifellos steht der Ring im Zentrum des *Herrn der Ringe* – und nicht Sauron, der „Herr der Ringe“. Der „Herr der Ringe“ lässt sich aus dem Einen Ring gewissermaßen ableiten. Der Ring gibt das Handlungsschema der Trilogie vor. Dieses Schema verkehrt bekanntlich das der Queste[76] in eine „Anti-Queste, weil das Abenteuer nicht darauf abzielt, etwas zu finden oder zu gewinnen, sondern etwas zu verwerfen oder zu vernichten“.[77] Man sage nicht, dass dieser Unterschied marginal ist, weil in beiden Fällen eine Reise unternommen werden muss, die eine Mission ist. Unter das uni-

[76] Diesen Begriff verwendet Tolkien selbst; vgl. etwa Tolkien: Briefe, S. 285 (Nr. 163).
[77] Shippey: J.R.R. Tolkien. Autor des Jahrhunderts, S. 161.

versale Modell der Heldenreise[78] kann man natürlich alles Mögliche subsumieren, auch den *Herrn der Ringe*.[79] Um zu verstehen, wie ein Text funktioniert, muss man jedoch in einem zweiten Schritt vor allem die Differenzmerkmale analysieren. Die Umkehrung, dass der Gegenstand der Mission nicht im Erlangen eines Gutes besteht, sondern in der Vernichtung von etwas Ungutem, ist außerordentlich voraussetzungsreich.

Gewiss gibt es verschiedene Geschichten, die dadurch an ein Ende kommen, dass ein Ding unzugänglich gemacht oder zerstört wird[80], das bedeutet jedoch keineswegs, dass die Vernichtung zur handlungstragenden Mission wird. Man braucht nur an Richard Wagners *Ring des Nibelungen* zu denken, der ja in verschiedener Hinsicht Parallelen zum *Herrn der Ringe* aufweist.[81] Auch Wagners *Opus Magnum* ist ein synthetischer Mythos, der sich um einen „Ring der Macht" dreht, welcher am Ende, weil er Unheil bringt, den Fluten des Rheins (bzw. den Rheintöchtern) zurückgegeben wird. Aber die Notwendigkeit dieser Vernichtung treibt in keiner Weise die Handlung an, wie es im *Herrn der Ringe* der Fall ist.

Die Anti-Queste, in der nicht etwas Heilbringendes (wie der Heilige Gral) zu suchen, sondern etwas Unheilbringendes zu vernichten ist, benötigt eine entfaltete *Vorgeschichte* (das heißt, dass ihr Anfang kein Anfang sein kann). In der Vorgeschichte muss das Ding, dessen Zerstörung erstrebt wird, erst einmal an den falschen Ort gelangt sein, und es muss weiterhin in Hände gelangt sein, die seine Zerstörung für notwendig halten. Neben seinem unheilbringenden Charakter muss das Ding auch die Unzerstörbarkeit als weitere magische Eigenschaft aufweisen. Das bedingt die mythische Kreisförmigkeit, dass das Ding nur dort vernichtet werden kann, wo es entstanden ist. Und schließlich nimmt das Ding gewissermaßen an der gesamten Erzählung teil (anstatt nur in der Phantasie des Suchenden zu existieren). Es ist ‚mit von der Partie', denn das Schicksal des Helden kann ja nur darin bestehen, als dessen standhafter Träger zu fungieren. Als eine letzte notwendige Folge der Anti-

[78] Vgl. Campbell: Der Heros in tausend Gestalten.

[79] Vgl. dazu auch Pesch: Fantasy, S. 45f.

[80] Vgl. für Beispiele Niehaus: Das Buch der wandernden Dinge. Vom Ring des Polykrates bis zum entwendeten Brief, S. 81ff.

[81] Vgl. genauer Niehaus: Dinge der Macht. Der *Ring des Nibelungen* und der *Herr der Ringe*.

Queste kann noch hinzugefügt werden, dass der Held, der seine Aufgabe vollbracht hat, am Ende *mit leeren Händen* da steht, d.h. von seiner ,Heldenreise' zurückkehrt. Der Segen, den er bringt, ist nur ein gleichsam *abstrakter* Segen, der nicht ins Auge fällt, weil er nur darin besteht, die Welt von etwas Überzähligem befreit und damit ein Unheil abgewendet zu haben. Entsprechend wenig Hochachtung genießt Frodo nach seiner Rückkehr ins Auenland für seine Tat.

Schon diese Rahmenbedingungen bewirken, dass das Ding ins Zentrum rückt – nicht nur ins Zentrum der Aufmerksamkeit, sondern auch in die zentrale Position, was die Konstellation der Figuren betrifft. Das Ding ist zwar eine bewegliche – tragbare – Sache, aber es ist zugleich ein Fixpunkt, anhand dessen die Figuren zueinander ins Verhältnis gesetzt werden. Insofern wird das Ding zwar nicht zum Subjekt, wohl aber zum *Akteur*. Die Idee des Ringes, wie Tolkien sie im *Herrn der Ringe* entwickelt, hat tiefgreifende Auswirkungen auf die Konstruktion der Geschichte, aber auch auf die Konzeption des Helden.

Auf den ersten Blick scheint es, als erlaube es die Gattung *Fantasy*, den Helden als reinen Phantasie-Helden zu installieren – als einen *unmissverständlichen* Helden mit einem klaren Heldenprogramm. Gleichwohl ist es kein Zufall, dass im *Herrn der Ringe* eine Figur als Held vorgestellt wird, der eine Bürde zu tragen hat und hierzu der Gefährten bedarf. Frodo steht damit paradigmatisch für die wiederaufbereiteten Helden der *Fantasy*, die im Vergleich zu ihren vormodernen epischen Ahnherren auf eine völlig veränderte – eben romanhafte –Rezeptionssituation treffen. Der Held kann nicht mehr in „ehrfürchtiger Distanz" verehrt, er muss auf „intime und empathische Weise" begleitet werden können.[82] *Fantasy*-Literatur kann schon deshalb keine bloß eskapistische Flucht in eine Anderswelt sein, weil sie innerhalb dieser ,Anderswelt' *vermittelnde* Figuren benötigt, die zwar ,heldische' Züge aufweisen, aber nicht einfach mit *dem* Helden zusammenfallen. Es ist nicht zuletzt die Bürde des Rings, die uns den Helden nahe bringt und ihn zu einem „Repräsentant[en] des Lesers"[83] macht.

---

[82] Ewers: Fantasy – Heldendichtung unserer Zeit, S. 9.

[83] Alexis: The Romances of Walter Scott, S. 30ff. Ein analoges Problem hat Walter Scott, den Begründer des historischen Romans, dazu geführt, den sogenannten ,mittleren Helden' als

Der Ring depotenziert den Helden, der etwas bei sich zu tragen hat, was er nicht benutzen darf und den Blicken entziehen soll. Statt zu kämpfen, hat er auszuweichen. Das nimmt ihm die Strahlkraft. Ein solches Ding kann in den überlieferten Erzählungen – in den Mythen, Sagen und Epen – nicht vorkommen. Er ist ganz und gar eine Geburt der Moderne. Er kann nur in einer Gattung erscheinen, die *Fantasy* heißt. In gewisser Weise kann man sogar sagen, dass er die vorweggenommene Quintessenz dieser Gattung ist.

Tom Shippey hat darauf hingewiesen, dass die Idee des Ringes sukzessiv entsteht. Im *Hobbit* ist der Ring noch etwas anderes. Er erfüllt dort schlicht die märchenhafte Funktion, unsichtbar zu machen, die etwa im Nibelungenlied die Tarnkappe (kein Helm, sondern ein *Cape*, ein Umhang) erfüllt und eine lange Tradition in der Mythologie hat.[84] In dieser Funktion erlaubt der Ring zwar mittelbar auch die Ausübung von Macht, dient aber in erster Linie dazu, sich zu *entziehen* und zu *entkommen* (wozu er ja auch im *Hobbit* genutzt wird). Die unauflösliche Fixierung Gollums auf den an Bilbo verlorenen Ring ist in der Erstfassung von *The Hobbit or There and Back Again* von 1937 noch nicht in der Weise gegeben und wurde erst in den Ausgaben ab 1951 zwecks Kompatibilisierung mit dem *Herrn der Ringe* eingeführt.[85] Im *Hobbit* ist der Ring noch ein ‚gewöhnlicher' magischer Gegenstand erster Ordnung. Er ist etwas Kleines und etwas Praktisches – ein handhabbares Instrument.

Gandalf erklärt Frodo als erstes, der Ring, den Bilbo ihm widerstrebend überlassen hat, sei „viel mächtiger [*powerful*], als ich zuerst zu denken wagte, so machtvoll [*powerful*], daß er zuletzt jeden Sterblichen, der ihn besitzt [*possessed*], völlig unterwerfen würde. Der Ring würde ihn dann beherrschen [*possess*]" (HdR I, 77; LotR I, 61). Im Original wird durch die doppelte Verwendung des Verbs *possess* noch deutlicher, dass die Paradoxie des Ringbesitzes schon vorausgesetzt wird, bevor die besonderen magischen Qualitäten des

---

Protagonisten zu verlangen (vgl. auch Lukacs: Der historische Roman, S. 26ff); dieses Konzept ist, als strukturelle Bedingung des historischen Romans, schon zu Lebzeiten Scotts erkannt worden, so insbesondere bei Willibald Alexis, der in einer Besprechung der Romane von Walter Scott in poetologischer Absicht den „wirklichen Helden" dem „Epos", den Helden des Romans hingegen „als Repräsentant[en] des Lesers" bestimmt.

[84] Vgl. die sogenannte *Hadeskappe* in der griechischen Mythologie.

[85] Vgl. Hob 87ff.; dazu Shippey: J.R.R. Tolkien. Autor des Jahrhunderts, S. 160f.

Ringes angesprochen werden.[86] Ohne weitere Erklärung wird bereits aus der Eigenschaft der Machtfülle selbst gefolgert, dass der Besitzer zugleich zu einem Besessenen werden müsse. Wer Macht ‚besitzt', wird in genau dem Maße von ihr ‚besessen', in dem er sich auf sie fixiert. Als ‚Beweis' für diese Fixierung gilt die Unfähigkeit, die Macht ‚abzugeben'. Damit unauflöslich verbunden ist das *Imaginäre* dieser Machtfülle, da derjenige, der die Macht ‚besitzt', nicht einsehen kann, dass er von ihr ‚besessen' wird.

Formuliert man das Problem auf dieser Ebene, erscheint es als eine Folge von Machtbesitz überhaupt. Es handelt sich dann um ein graduelles Phänomen, das in verdünnter Form überall dort in Erscheinung tritt, wo es schwer fällt, Macht abzugeben, und das umso konzentrierter wird, je größer die Machtfülle ist. In diesem Sinne meint Shippey, man müsse „kein sehr heller Kopf sein", um die Aussagen Gandalfs in der erstmals 1887 von Lord Acton vorgebrachten Sentenz zusammenzufassen: „Jede Macht korrumpiert, und absolute Macht korrumpiert absolut."[87] Er hält dies für eine spezifisch moderne Vorstellung, da etwa das Mittelalter zu der Auffassung geneigt habe, „daß Macht den Charakter offenbart, und nicht, daß sie ihn verändert".[88] Bevor man dies diskutieren könnte, wäre allerdings die Frage zu stellen, was überhaupt unter dem Begriff der ‚absoluten Macht' (*absolute power*) zu verstehen ist. Denn die Sentenz unterstellt ja zunächst einmal, dass man ‚absolute Macht' irgendwie besitzen kann. Tatsächlich aber ist *Allmacht* (wenn man ‚absolute Macht' dahingehend übersetzen darf) immer nur ein Phantom.

Auch darf man das ‚Besessenwerden' von Macht mit dem ‚Korrumpiertwerden' von Macht nicht vorschnell in Eins setzen. Das Korrumpiertwerden bringt implizit eine zweite Dimension ins Spiel, die in der Erklärung Gandalfs in dem Wort „zuletzt" ebenfalls enthalten ist: die der Zeit. Durch sie wird die als graduiert vorgestellte Machtfülle mit der Dauer ihrer Ausübung verrechenbar. Die Macht korrumpiert dadurch, dass man sich an sie *gewöhnt*.

---

[86] Vgl. Pesch: Die Wurzel des Bösen. Zum Begriff der „possessiveness" bei Tolkien. Verlyn Flieger bezeichnet Besitzgier als hauptsächliche Versuchung in Tolkiens Kosmologie und „possessiveness" als die wesentliche Übertretung: „Desire to possess is the cardinal temptation in Tolkien's cosmology, and possessiveness the great transgression" (Verlyn Flieger: Splintered Light, S. 109).

[87] Shippey: J.R.R. Tolkien. Autor des Jahrhunderts, S. 162.

[88] Shippey: J.R.R. Tolkien. Autor des Jahrhunderts, S. 162.

Die Gewöhnung führt zunehmend zu der Vorstellung, dass es die *eigene* Macht ist, die man zu *besitzen* meint. Nimmt man diese Verrechenbarkeit beim Wort, so würde etwa eine lange Gewöhnung an ein mittleres Machtquantum in etwa zum gleichen Grad an Korrumpiertheit führen wie eine kürzere Gewöhnungszeit bei einer hohen Machtfülle usw. Als einen dritten Faktor könnte man dann noch die (ebenfalls messbare) *Widerstandsfähigkeit* in Anschlag bringen, die das mit Macht ausgestattete Subjekt diesem im Prinzip unaufhaltsamen Prozess entgegenzusetzen vermag. Es ist offensichtlich, dass diese Verhältnisse zwischen Machtfülle, Dauer und Widerstandsfähigkeit bei Tolkien eine Rolle spielen; gleichwohl erfordert das, was der *Herr der Ringe* zu denken gibt, eine Ergänzung durch eine andere Art der Betrachtung, in der die magische Qualität des Ringes ernster genommen und reflektiert wird. Erst diese andere Art der Betrachtung gestattet es, der Vorstellung einer *Verrechenbarkeit* von Macht ihren Platz zuzuweisen.
Gandalf und Frodo sprechen nicht über Macht, sie sprechen über einen Gegenstand, einen Ring. Es gilt, sich möglichst lange auf dieser Ebene der Gegenständlichkeit zu halten, um über Macht als Gegenstand, als Ding nachzudenken – also als etwas, was sie nicht ist. Im Laufe des Gesprächs wird eine Feuerprobe veranstaltet, die Gandalf endgültig davon überzeugt, dass Frodos Ring der Eine Ring ist. Wie funktioniert dieser Ring – abgesehen von seinem Vermögen, seinen Träger unsichtbar zu machen?

Der Ring und die Ringe. Zunächst einmal hat der Schöpfer des Rings, der dunkle Herrscher, „einen großen Teil seiner früheren Macht auf ihn übergehen lassen“ (HdR I, 84). Natürlich bleibt völlig unklar, wie das geschieht, und was das überhaupt besagt. Zumindest kann man sagen, dass die Macht als etwas vorgestellt wird, was sich sowohl mittels Ring als auch ohne Ring ausüben lässt. Der Vorteil, den man hat, wenn man Macht mittels eines Ringes ausübt, ist daher nicht ohne weiteres zu sehen. Der Nachteil hingegen liegt auf der Hand: Die in den Ring gebannte Macht kann man verlieren wie einen Gegenstand. Von der Konstruktion des *Herrn der Ringe* her – also in finalistisch-außerfiktionaler Perspektive – muss man sagen, dass die Macht auf den Einen Ring verschoben worden ist, *damit* er verloren gehen kann. Innerfiktional muss eine andere Begründung konstruiert werden: Sauron schafft den Einen Ring, „um die anderen [Ringe] damit zu beherrschen“ (HdR I, 84). Man darf den Einen Ring nicht isoliert betrachten; er funktioniert nur innerhalb jener hierarchischen Pluralität, die ja im Titel der Trilogie angezeigt und in dem ihr vorangestellten Gedicht ausgeführt ist. Der Ring übt Macht vor allem auf Ringe bzw. mittels Ringen aus. Freilich ist die Frage, wie der Ring funktioniert, damit nur zum Teil beantwortet. Gandalf erklärt Frodo nur, dass Sauron, wenn er den Einen Ring zurückbekäme, auch wieder über die drei Elbenringe gebieten würde, „und alles, was in sie hineingeschmiedet wurde, wird offenbar werden“ (HdR I, 84). Genaueres erfährt man im *Herrn der Ringe* nicht.

Im *Silmarillion* hingegen wird die Konstruktion genauer erläutert: Zunächst hat sich Sauron inkognito bei den Elben von Eregion eingeschmeichelt und sie neben anderen Kunstfertigkeiten auch das Schmieden magischer Ringe gelehrt. Wie die vielen so entstandenen Ringe durch den Einen Ring beherrscht werden konnten, wird folgendermaßen erklärt: „Und während er den Einen Ring trug, konnte er alles sehen, was mit Hilfe der schwächeren Ringe geschah, und die Gedanken ihrer Träger konnte er lesen und lenken.“ (Sil 316) Damit ist sehr genau gesagt: Die Macht des Einen Rings bezieht sich in erster Linie auf Ringe der Macht.[89] Es ist, als seien die übrigen Ringe sozusagen an den Einen Ring angeschlossen, und zwar in einer doppelten Asymmetrie als Sender von Informationen und Empfänger von Befehlen. Es handelt sich um eine technologische Macht.

Allerdings kann die technologische Asymmetrie nicht ganz vollständig sein. Denn im Silmarillion heißt es von den Elben weiter: „Sobald Sauron den Einen Ring an den Finger steckte, bemerkten sie es; und sie erkannten ihn und sahen, dass er ihr Herr sein wollte und Herr all dessen, was sie schufen. In Zorn und Wut nahmen sie da ihre Ringe ab.“ (Sil 316) Auch der Eine Ring sendet also eine Botschaft aus: Die Träger der Elbenringe bemerken, dass sie gelesen und gelenkt werden *sollen*.

An und für sich wird den Elbenringen die Macht zugeschrieben, dass man mit ihnen „die Wunden der Zeit abwehren und die Müdigkeit der Welt ver-

[89] Vgl. auch Frodos Frage an Galadriel: „Ich darf den Einen Ring tragen: warum kann ich nicht all die anderen sehen und die Gedanken von denen, die sie tragen, erraten?” (HdR I, 501).

tagen“ (Sil 316) könne. Es soll sich also um einen ganz anderen Aggregatzustand von Macht handeln. Da der Eine Ring im Dritten Zeitalter verloren ist, können sie diese Macht auch entfalten (was vor allem in Lothlórien augenfällig wird). Die Stellung der Elbenringe ist jedoch ambivalent. Einerseits hat Celebrimbor sie „allein geschmiedet“, weshalb „die Drei unbesudelt“ (Sil 316) von Saurons Hand sind. Doch etwas unbeholfen wird im Anschluss noch einmal betont: „doch waren auch sie dem Einen untertan“ (Sil 316).[90] Diese merkwürdige Ambivalenz durch die Kopplung des Einen Ringes mit Elbenringen und muss noch einer genaueren Betrachtung unterzogen werden. An dieser Stelle lassen sich jedoch schon die Folgen für die Gesamtkonstruktion absehen.

Das Dritte Zeitalter zeichnet sich dadurch aus, dass der Eine Ring zwar in der Welt ist, aber nicht im Besitz dessen, der ihn für sich erschaffen hat. Dadurch bekommt dieses Zeitalter, dessen Ende der *Herr der Ringe* erzählt, von Anfang an den Status einer Zwischenzeit und zugleich einer sich durch die wohltätige Macht der drei Elbenringe immer weiter ausdehnenden Frist.[91] Nur weil die Wiedergewinnung des Einen Rings droht, bleibt die Macht der Elbenringe erhalten (weshalb Galadriel wünscht, „der Eine Ring wäre niemals geschmiedet oder niemals wiedergefunden worden“, HdR I, 500). Wie das Ende des *Herrn der Ringe* zeigt, schwindet mit dessen Vernichtung die Macht der Elbenringe. Genau genommen ist das nicht ganz konsistent, da die Elbenringe ja bereits zeitlich *vor* dem Einen Ring erschaffen worden sind und insofern unabhängig von ihm ihre Wirkung entfalten konnten. Daraus kann man aber nur schließen, dass die von Tolkien vorgenommene Kopplung der Elbenringe mit dem Einen Ring nicht nur auf dieser fiktionsimmanenten Ebene zu begründen ist. Die Frage, die sich hier auftut, ist die, ob es *mehr als eine Art von Macht gibt.*

---

[90] Dieses Verhältnis zwischen dem Einen Ring und den Drei Ringen war Tolkien ausnehmend wichtig; in seinen brieflichen Zusammenfassungen seiner Mythologie wird dieser Punkt immer wieder betont.

[91] Das „Dritte Zeitalter“ ist ein „Zeitalter des Zwielichts, ein Medium Aevum, das erste der zertrümmerten und verwandelten Welt, das letzte eines säumigen Reiches der noch vollkommen leibhaftig sichtbaren Elben und das Letzte auch, in dem das Böse in Gestalt eines leibhaftigen Herrschers erscheint“ (Tolkien: Briefe, S. 205; Nr. 131).

Die Gattung *Fantasy* ist der Ort, an dem es möglich ist, diese Unterscheidung zwischen zwei Sorten von Macht zu *setzen*. Denn gewiss gibt es diese Unterscheidung – zwischen der *als solche* guten und bösen Macht – *in der Phantasie*. Tom Shippey geht daher auf eine grundlegende Weise fehl, wenn er die Konstruktion im *Herrn der Ringe* mit der Machtanalyse anderer zeitgenössischer Autoren (George Orwell, William Golding) zusammenbringt, denen zufolge alle „Machtergreifungen, und mögen sie von einem noch so starken und Gutwilligen ausgehen, [...] dasselbe Ende nehmen" müssen: „So wirkt Macht."[92] In diesem Diktum ist Macht explizit als ein *singulare tantum* gesetzt, im *Herrn der Ringe* (und folglich in der Gattung *Fantasy*) ist sie das nicht. Sie ist es nur dann, wenn man die Wirkung des Einen Rings auf seinen Besitzer isoliert betrachtet, wenn man unterschlägt, dass hier die Rede von einem Ding ist, und den Ring einfach als *Allegorie* der Macht auffasst. Für den Einen Ring gilt natürlich in der Tat, wie Gandalf gegenüber Frodo erklärt und wie später in Elronds Rat ausführlich erörtert wird: dass er den Besitzer auch bei besten Vorsätzen korrumpiert, dass er „suchtbildend" (*addictive*)[93] wirkt usw., weshalb sich Gandalf, Elrond und Galadriel (wie sich später herausstellt, die drei Besitzer der Elbenringe) weigern, den Herrscherring an sich zu nehmen. Sie können sich aber nur weigern, weil es – in dieser *Phantasie* – eine *andere Macht* gibt, die nicht korrumpiert.

[92] Shippey: J.R.R. Tolkien. Autor des Jahrhunderts, S. 163.

[93] Shippey: J.R.R. Tolkien. Autor des Jahrhunderts, S. 166.

5. Mächte

Böse Macht und gute Macht.[94] Natürlich ist es leicht, die gute und die böse Macht anhand ihrer äußeren Kennzeichen zu unterscheiden, wie sie sich an der Romanoberfläche präsentieren. Der Gegensatz zeigt sich sogar in der gewalttätigen Auseinandersetzung, bei der die gute Macht skrupulös, die böse Macht hingegen skrupellos zu Werke geht usw.[95] All dies ist trivial, weil die Entgegensetzung von guter vs. böser Macht gewissermaßen gesetzt ist und zur Logik der Gattung gehört. Ebenso gehört es aber zur Logik der Gattung, dass es neben dieser Entgegensetzung eine offenbare Symmetrie gibt. Denn das Gute wie das Böse streiten um dasselbe Gut, insofern sie um den Sieg streiten, und sie streiten mit denselben Mitteln, insofern sie zur Realisierung ihres Zwecks List und Gewalt einsetzen. Durch nichts dokumentiert sich diese strukturelle Symmetrie deutlicher als durch den Umstand, dass in diversen Umsetzungen des *Herrn der Ringe* in ein Computerspiel die Spieler auch die Rolle des Bösen einnehmen können, man also vom Unterschied zwischen Gut und Böse *abstrahieren* kann). Gerade weil es diese zugrundeliegende strukturelle Symmetrie gibt (nach Maßgabe derer auch etwaige Unterschiede *verrechenbar* sind), müssen auf der Oberfläche die Unterschiede versammelt werden.

Dies gilt für die Gattung *Fantasy* im Allgemeinen. *Fantasy* ist ja nicht nur eine literarische (und filmische) Gattung, sondern definiert auch – im Gefolge von Romanen und Filmen – einen Bereich von Gesellschaftsspielen und vor allem (interaktiven) Computerspielen: ein riesenhafter, unübersehbarer Markt mit verschiedenen Übergangszonen zu benachbarten Spiel-Logiken. Die Anderswelt wird dabei zu einer geschlossenen, mehr oder weniger reduzierten (und zugleich beliebig ausschmückbaren) Sekundärwelt mit festgelegten Regeln, nach denen mindestens zwei Mächte gegeneinander kämpfen. Dieser Spielmodus lässt sich als eine Art Kurzschluss der strukturellen Kopplung von Phantasie und Macht auffassen. Es sagt viel über die Gattung *Fan-*

---

[94] Vgl. zu diesem Fragekomplex vor allem McIntosh: The Flame Imperishable. A blog about Tolkien, St. Thomas, and other purveyors of the Philosophia Perennis.

[95] Vgl. exemplarisch für solche Gegenüberstellungen Bergh: Mittelerde und das 21. Jahrhundert, S. 54-83.

tasy aus, dass sie sich so leicht in – global funktionierende – Spielkonzeptionen übersetzen lässt.[96] Dass sie bis zu einem bestimmten Grade in die säuberlich abgegrenzte Parallelwelt eines Spiels mit klaren Regeln übertragen werden kann, dokumentiert (unter anderem) die Dominanz der dargestellten *Welt* über die in ihr sich abrollende *Geschichte*. In der Spielform wird keine irreversible Geschichte (kein Mythos) erzählt; die Verhältnisse in der als eine Art Container aufgefassten Anderswelt sind eindeutig; statt der Frage nach dem Helden gibt es die moralisch indifferente Entität der *Spielfigur* und die Indifferenz von guter und böser Macht. In der Spielform wird die Frage nach dem Verhältnis von Macht und Phantasie – der ‚Balken' zwischen Macht und Phantasie: *Macht/Phantasie* – zum Verschwinden gebracht. Im Grunde taugt gerade der *Herr der Ringe* überhaupt nicht für den Spielmodus. Gleichwohl darf eine Betrachtung nicht außer Acht lassen, dass es die Affinität von *Fantasy* zur Spielform gibt – und mehr noch, dass sie sogar deren Möglichkeitsbedingung ist.

Wenn die Entgegensetzung von guter und böser Macht auf der Oberfläche – also in den manifesten Handlungssträngen und der Charakterisierung der Figuren – in anderen literarischen Werken der Gattung verwischt wird, so ist dies keineswegs ein als Fortschritt hin zu einer ‚differenzierteren Darstellung' zu betrachten, sondern als Augenwischerei. Der Sinn von *Fantasy* kann nicht darin bestehen, sich einer ‚Realität' anzunähern, die dadurch gekennzeichnet sein soll, dass sich Gut und Böse nicht mehr unterscheiden lassen. So funktioniert Phantasie nicht. Nicht weniger unbefriedigend ist freilich die Tendenz, den Gegensatz von Gut und Böse zu trivialisieren – eine Tendenz, die der Gattung *Fantasy* allerdings ebenfalls innewohnt. Aufgabe einer Betrachtung zum *Herrn der Ringe* muss es sein, zu zeigen, auf welche Weise bereits dessen *Konstruktion* die Entgegensetzung von guter und böser Macht sowohl aufrechtzuerhalten als auch zu dekonstruieren vermag. Nur weil dies gelingt,

[96] Zur Globalität von *Fantasy*-Literatur bemerkt Hans-Heino Ewers: „Im Unterschied zum realistischen Genre stellt die Fantasy die Gattung dar, die am unmittelbarsten global, das heißt über sämtliche Kulturgrenzen hinweg, zu vermarkten ist. Sie bedient sich einer kulturübergreifend verständlichen Bilder- und Symbolsprache." (Ewers: Überlegungen zur Poetik der Fantasy, S. 131). Das impliziert allerdings, dass die Versatzstücke sich völlig von ihrem ursprünglichen Hintergrund – in erster Linie der nordischen Mythologie – gelöst haben bzw. abgelöst davon funktionieren. Tatsächlich ist *Fantasy* in jeder Hinsicht ein Exportartikel ‚des Westens'.

hat der *Herr der Ringe* zum *Paradigma* der Gattung werden können und zugleich zu einem *Hapax* – zu etwas, was nur ein einziges Mal vorkommt.

Auf der ersten Ebene ist die kategoriale Unterscheidung zwischen guter und böser Macht obsolet, weil sich die gute Macht stets dadurch in die böse Macht zu verwandeln droht, dass derjenige, der sie hat, sie zunehmend als sein Eigentum auffasst, und darüber hinaus das Bestreben nach einem Machtzuwachs entwickelt. Phänomenal zeigt sich dies darin, dass der Machthaber jeden Widerstand, der sich ihm entgegenstellt, zu überwinden trachtet. Der Eine Ring repräsentiert diese Überwindung von Widerständen, die hier Form der *Unterwerfung* annimmt (der Ring kann auf den Willen anderer Ringträger lenken). Macht ist demnach – schon bevor sie sich in bösen Zwecksetzungen äußert – böse, weil sie zum *Totalitären* tendiert, weil sie in sich nicht *beschränkt* ist.

Diese Totalisierungstendenz impliziert nicht zuletzt ein Selbstverhältnis. Der Besitz des Einen Ringes führt, wie an der Figur Gollum exemplifiziert wird, zunehmend zu einer ausschließlichen Fixierung auf ihn. Das Subjekt genießt seinen Besitz auf eine fruchtlose und freudlose Weise und verzehrt sich in ihm, während die Objekte außerhalb dieser Selbstbeziehung ins Unwesentliche verdämmern. Diese einsame Selbstermächtigung ist gewissermaßen die Minimalform böser Machtausübung. In ihr liefert sich das Subjekt sich selbst aus, ist sich selbst zu Willen. Die an Gollum ablesbaren fatalen Folgen für Körper und Geist sind zweifellos den Wirkungen vergleichbar, die man in der Jugendzeit Tolkiens dem einsamen Laster der Selbstbefriedigung zuschrieb (das ebenfalls als eine Form der Selbstermächtigung beschrieben werden kann).[97]

In diesem Sinne fungiert der Eine Ring auch für diejenigen als Ring der Macht, die ihn nicht als solchen gebrauchen können. Dem liegt eine Anthropologie zugrunde, die insofern optimistisch (christlich) ist, als sie dem Bösen keine Möglichkeit des Glücklichseins zuerkennt. Vielmehr *verzehrt* sich das Böse in seiner Vereinzelung. Dem entspricht die von Gandalf kolportierte weitere Eigenschaft des Einen Rings, das Leben unabsehbar zu verlängern, ohne „mehr Leben" zu gewinnen, sondern es vielmehr bloß auszudehnen „bis

---

[97] Vgl. etwa – besonders eindringlich und ausführlich – die Abhandlung *Die Masturbation* von Hermann Rohleder von 1902.

zuletzt jede Minute eine Qual ist" (HdR I, 77). Auch die aus dem *Hobbit* und der Tradition übernommene primäre magische Eigenschaft der Unsichtbarmachung hat Tolkien in diese Logik integriert: „Und wenn er den Ring oft benutzt, um sich unsichtbar zu machen, *schwindet* er, bis er schließlich ständig unsichtbar ist und im Zwielicht wandelt unter dem Auge der dunklen Macht, die die Ringe beherrscht." (HdR I, 77) Das Böse kennt keine *Gemeinschaft*.[98]

All dies sind Eigenschaften, die dem Einen Ring diesseits seines eigentlichen Zweckes, andere zu unterwerfen und dem Bösen untertan zu machen, zugeschrieben werden. Welcher Art kann dann aber die Macht sein, die diesem Bösen entgegengesetzt ist? Wenn das Böse nicht erst in den Zwecken liegt, dann kann auch das Gute nicht aus den Zwecken begründet werden. Eine erste Antwort besteht offensichtlich darin, dass es möglich ist, der Versuchung der Macht zu widerstehen, wie man an den drei Trägern (oder besser: Hütern) der Elbenringe sehen kann. Galadriel weist den ihr von Frodo angebotenen Ring mit den Worten zurück: „Ich bestehe die Prüfung. [...] Ich werde schwächer werden und in den Westen gehen und Galadriel bleiben." (HdR I, 501) Und Gandalf ruft in derselben Situation aus: „Versuche mich nicht! Ich will nicht werden wie der dunkle Herrscher." (HdR I, 98) Die Versuchung ist umso größer, je mächtiger der Betreffende ist, da mit seiner Macht auch der Machtzuwachs wächst, den er durch den Ring erlangen würde.

Aber diese Möglichkeit des Machtverzichts ist allenfalls ein *Indiz* dafür, dass es eine ‚andere Macht' geben muss. Sie erklärt deren Beschaffenheit nicht, sondern legt sogar eher die Vermutung nahe, dass es überhaupt nur das *Quantum* der Macht, die Macht*konzentration* ist, die verderbenbringend wirkt. Es ist, als überschritte man mit der wissentlichen und kundigen Inbesitznahme des Einen Rings eine Schwelle, jenseits derer der Besitz von Macht notwendig jenes verzehrende Selbstverhältnis nach sich zieht, das die guten Zwecke zuschanden macht. Man kann diesen Gedanken aber auch so ausdrücken, dass es sich um die Schwelle handelt, jenseits derer die Ausübung

[98] „The Ring cuts us off from community, and contact." (Kreeft: The Philosophy of Tolkien: The Worldview Behind The Lord of the Rings, S 181). Vgl. auch – sehr forciert – Caldecott: The Power of the Ring. The Spiritual Vision Behind the Lord of the Rings, S. 57f.

von Macht *technologisch* wird. Zugleich kann die Schwelle nur mittels der Technologie des Einen Ringes überschritten werden. Aber auch die übrigen Ringe der Macht, insbesondere die drei Elbenringe, lassen sich in diesem Sinne als Technologie, als Externalisierung von Macht auffassen.

Das Gute der guten Macht kann nicht an den Zwecken festgemacht werden, aber auch nicht an den Mitteln. Galadriel hat „lange Jahre" darüber nachgedacht, wie es wäre, wenn sie den von Frodo ihr unversehens angebotenen Ring in die Hand bekäme. Frodo würde durch die Übergabe eine „Königin" an die Stelle des „Dunklen Herrschers" setzen. Galadriel würde nach ihrem eigenen Dafürhalten

> nicht dunkel sein, sondern schön und entsetzlich wie der Morgen und die Nacht! Schön wie das Meer und die Sonne und der Schnee auf dem Gebirge! Grausam wie der Sturm und der Blitz! Stärker als die Grundfesten der Erde. Alle werden mich lieben und verzweifeln. (HdR I, 501)

Das ist eindeutig eine Machtphantasie, eine Allmachtsphantasie (von der sich Galadriel, indem sie sie formuliert und in die Welt setzt, zugleich distanziert). Nach dieser Phantasie ist es die Machtfülle als solche, die die Ambivalenz hervorbringt, nicht etwa das Verhältnis von Mittel und Zweck.

Ist es sinnvoll, sich zu fragen, ob es stimmt, was Galadriel hier phantasiert, ob ihre Vorhersage richtig ist? Worauf es ankommt, ist eher, dass die Macht, die der Ring verleiht, etwas ist, das man in der *Phantasie* und (unter der Voraussetzung, dass der Ring nicht bei seinem Herrn ist) *nur* in der Phantasie *haben* kann. Der Eine Ring ist daher Gegenstand eines Nachdenkens über Macht, *das die Form der Phantasie annehmen muss*. Insofern verwundert es nicht, dass sich Tolkien selbst an diesen hypothetischen Gedankenspielen beteiligt hat, als seien seine Gestalten nicht Wesen der von ihm geschaffenen, sondern der wirklichen Welt. Mit Bezug auf die eben zitierte Passage sinniert er 1963 in einem wichtigen Brief zum Thema, es scheine, „daß Galadriel auch sich selbst für fähig hält, den Ring zu gebrauchen und an die Stelle des dunklen Herrschers zu treten". Wenn sie oder Elrond den Ring in Besitz genommen hätten, wären sie, so spekuliert er weiter, „in derselben Weise verfahren wie Sauron: Sie hätten sich ein Reich mit großen und absolut gehorsamen Generälen aufgebaut, bis sie sich Sauron zum Kampf stellen und ihn mit Gewalt vernichten könnten".[99]

Bis hierher sieht es in der – anschließend noch weiter ausphantasierten – Alternativversion so aus, als handle es sich um ein Problem der Zweck-Mittel-Relation: Für den Zweck, Sauron zu besiegen, müssten sich Galadriel oder Elrond ihm in seinen Mitteln angleichen. Daher erfolgt die Quintessenz, dass dann zwar Sauron selbst vernichtet worden wäre, aber „der Ring und alles seine Werke hätten fortgedauert", weshalb Sauron trotz seiner Niederlage „am Ende der Herr geblieben" wäre.[100] Dann aber kommt Tolkien zum Abschluss dieses Briefentwurfes darauf zurück, dass am ehesten Gandalf – als Maia ein „Geschöpf gleicher Ordnung" wie Sauron – in der Lage gewesen wäre, den Ring zu „bemeistern":

> Gandalf als Ringherr wäre viel schlimmer gewesen als Sauron. Er wäre „gerecht" geblieben, aber selbstgerecht. Er hätte weiterhin alles ‚zum Guten' geregelt und geordnet und zum Vorteil seiner Untertanen, nach Maßgabe seiner Weisheit (die groß war und es auch geblieben wäre).[101]

Hier geht es offenbar weder um verwerfliche Mittel noch um verwerfliche Zwecke. Oder genauer: Das ‚Schlimmere' besteht allein in einer Machtvollkommenheit, die dadurch, dass sie von sich sagen kann, alles zum Guten geregelt zu haben, in eine Selbstgerechtigkeit mündet, deren Verwerflichkeit darin besteht, dass sie nichts über sich anerkennt. Aus dieser Perspektive schließen sich das ‚Schlimmere' und die allgemeine Wohlfahrt keineswegs aus. Das ‚Schlimmere' definiert sich allein dadurch, dass sich jemand an die Stelle Gottes setzt (dem allein die Macht und die Herrlichkeit gebührt). Hier tritt also die pure Theologie zutage. Worauf es jedoch ankommt, ist, dass sich die Argumentation nicht auf Gott beruft (und nicht berufen kann), sondern ihre Schlussfolgerungen nach Maßgabe einer immanenten Logik vorträgt.

[99] Tolkien: Briefe, S. 434 (Nr. 256).

[100] Tolkien: Briefe, S. 434 (Nr. 256).

[101] Tolkien: Briefe, S. 434 (Nr. 256).

Tolkien hält sich sozusagen auf der Ebene von ‚Tolkiens Welt' auf, in der der Schöpfergott Ilúvatar keine der christlichen Theologie entsprechende Position einnimmt. Dann bleibt die Metaphysik der Macht übrig, in der die Macht als etwas definiert ist, das man *haben* kann. Sie hört dann auf, im Sinne von Max Weber als eine Sache von *Beziehungen* verstanden werden zu können, in denen sie lediglich die *Chancen* auf die Durchsetzung des eigenen Willens erhöht.

An den Rand des hier endenden Briefentwurfes hat Tolkien noch einen letzten Kommentar geschrieben, der dieser Gedankenfigur noch eine weitere Drehung hinzufügt: „Während also Sauron das [...] Böse vervielfachte, ließ er das ‚Gute' davon klar unterscheidbar. Gandalf hätte das Gute verabscheuenswert und böse erscheinen lassen."[102] Dies darf man als eine Art Antwort auf die Frage nach dem Unterschied zwischen der guten und der bösen Macht auffassen. Sauron ist's, dem wir diesen Unterschied verdanken. Denn er macht den Unterschied sichtbar, der unter anderen Voraussetzungen unsichtbar wäre. Das ist zugleich eine Definition von *Fantasy*.

Magie und Maschine. Man hat das Vorkommen von Magie immer wieder als konstitutiv für die *Fantasy*-Gattung angesehen. Wenn das Übernatürliche das Merkmal des Phantastischen ist, so nimmt dieses Übernatürliche in der *Fantasy*-Literatur die Form des *Magischen* an, sozusagen der pragmatischen Verwendung des Übernatürlichen. Lin Carter formuliert kurz und bündig: „A fantasy is a book or story [...] in which magic really works." Während in der „real world in which we live" Magie nicht funktioniere, sei sie im *Fantasy*-Roman ein „integral part of the natural world."[103] So spricht der scheinbar unbedarfte Ungläubige. Aber diesen Unglauben teilen all jene, die zum Beispiel kulturanthropologische Theorien der Magie aufstellen.[104] Deren Theorien taugen nicht so recht für die Sekundärwelten der Fantasy. Denn dort funktioniert die Magie. Und was zweifellos funktioniert, ist – auf dieser Ebene der

[102] Tolkien: Briefe, S. 435 (Nr. 256).

[103] Carter: Imaginary Worlds. The Art of Fantasy, S. 6.

[104] Dafür stehen Fragen wie etwa diese: „Wie ist es jedoch möglich, dass der Magier an eine Magie glaubt, deren Mittel und Wirkungen er stets nach ihrem wirklichen Wert einzuschätzen in der Lage ist?" (Mauss: Theorie der Magie/Soziale Morphologie, S. 126.

Beschreibung – nicht erklärungsbedürftig: „In the Primary World, the existence and activity of such powers are a matter of religious faith; in the Secondary World, their existence and activity are subject to material proof."[105]

Magie tendiert dazu, phantasiert zu werden.[106] Phantasierte, d.h. phantastische Magie ist – als instrumentelle Magie – nichts anderes als Ausübung von *Macht* mit übernatürlichen Mitteln. In der Phantasie funktioniert Magie. Verschiedenen Wesen können magische Kräfte zugeschrieben werden, die stärker oder schwächer sein können. Solche Wesen nennt man auch Mächte. Diese Mächte können aufeinandertreffen. So auch im *Herrn der Ringe*. Häufig sind diese Mächte, weil sie einen übernatürlichen Anteil haben, mit einem unspezifizierbaren Organ zu *spüren*. So wird insbesondere das Auftreten der Schwarzen Reiter regelmäßig als *Spüren* einer Macht zelebriert.

Ein Höhepunkt dieses ‚Spürens' ist zweifellos jener Punkt, als Frodo sich den Ring angesteckt hat, um dem Angriff Boromirs zu entgehen, und sich auf dem Amon Hen kraft des Ringes die Kriegsvorbereitungen Mordors panoramatisch vor ihm ausbreiten: „Und plötzlich spürte er das Auge. […] Er wußte, daß es seinen Blick bemerkt hatte. Ein grimmiger, entschlossener Wille war da. […] Sehr bald würde es ihn aufspüren […]." (HdR I, 549) Dann schießt ihn „ein anderer Gedanke in den Sinn, als ob er ihm von einer anderen Macht eingegeben worden sei". Diese Macht (wie sich später herausstellt, der wiederauferstandene Gandalf) sagt ihm, er solle den Ring abnehmen. „Die beiden Mächte kämpften in ihm", heißt es dann, womit also wörtlich gemeint ist, was im gewöhnlichen Verstande nur im übertragenen Sinne zu verstehen ist. Gleichwohl bleibt die notwendige Fiktion des freien Willens erhalten. In einer metaphorischen ‚Neutralisierung' dieser beiden Mächte, in einem „Moment", in dem „weder die Stimme noch das Auge" herrschen, ist Frodo „frei, sich zu entscheiden", den Ring vom Finger zu ziehen.

Als die Gefährten in Moria auf der Flucht vor den Orks sind, spürt Gandalf, das unter den Verfolgern noch eine andere Macht im Spiel ist. Beinahe wird

[105] Waggoner: The Hills of Faraway. A Guide to Fantasy, S. 10.

[106] „Wenn sich das Bild des Magiers von Erzählung zu Erzählung, von Erzähler zu Erzähler unmäßig aufbläht, so hat das seinen Grund darin, daß der Magier einer der bevorzugten Helden der Phantasie des Volkes ist, sei es wegen allerlei Befürchtungen, sei es wegen des romanhaften Interesses, dessen Gegenstand die Magie ist." (Mauss: Theorie der Magie/Soziale Morphologie, S. 67)

er vernichtet, weil er sich einem Gegner gegenüber spürt, „dem ich noch nicht begegnet war. Mir fiel nichts andere ein als zu versuchen, die Tür mit einem Zauberspruch zu verschließen." (HdR I, 449) Der „Gegenzauber", den er dann verspürt, ist „fürchterlich". Er muss in höchster Not „ein Wort der Macht sprechen", das eine so große „Spannung" erzeugt, dass die Tür zerbirst und den Blick (wenn man so sagen darf) freigibt auf „etwas Dunkles wie eine Wolke, die „alles Licht" aussperrt (HdR I, 450). Später, als sich herausstellt, dass das Wesen ein Balrog ist, kann Gandalf die Gefährten bekanntlich nur retten, indem er auf Kosten seines Zauberstabs die Brücke von Khazad-dûm zum Einsturz bringt.

Man kann diese Episode – die einzige ihrer Art im *Herrn der Ringe* – mitsamt der Weise ihrer Beschreibung sozusagen als Modell für unzählige analoge Auseinandersetzungen in der *Fantasy*-Literatur, Computerspielen usw. betrachten: ein Kampf zweier Mächte, die sich mit diffusem Zauber und Gegenzauber bekämpfen, wobei sich ihre Kräfte bzw. ihre Machtmittel aufbrauchen. Zwar steht Gandalf hier auf der Seite der Guten, der Balrog hingegen auf der Seite der Bösen, aber der Konfrontation selbst lässt sich das nicht entnehmen. Vielmehr handelt es sich um ein gewissermaßen *abstraktes* Kräftemessen. Diese Abstraktion ist es, welche die Konfrontation von einem gewöhnlichen Kampf – einer gewalttätigen körperlichen Auseinandersetzung – unterscheidet.

Auf die Spitze getrieben wird sie, wenn Gandalf seinem Gegenüber auf der Brücke wiederholt „Du kannst hier nicht vorbei" (HdR I, 454) entgegenschleudert und erklärt, wer er ist und im Namen welcher Macht er dies sagt. Wie schon zuvor, als Gandalf seinen Gegner *spürt*, ohne ihn zu sehen, lässt sich der Vorgang kaum anders beschreiben, als dass bei einer solchen Konfrontation zweier Mächte letztlich ein *Wille* auf einen *Willen* einwirkt, also unmittelbar etwas bewirken kann.[107] Das Ziel eines derartigen Zugriffs eines Willens auf einen anderen Willen ist die Unterwerfung oder Beeinflussung des anderen Willens. In diesem Sinne sind die *Fantasy*-Welten durchzogen von Mächten, in denen ein Wille – vermittelt oder unvermittelt – auf einen

[107] Die Phantasie schreibt dem Magier zu, dass „seine Gedanken Mächte" sind (Mauss: Theorie der Magie/Soziale Morphologie, S. 67).

anderen Willen einwirkt. Dazu gehört auch, dass bei den verschiedensten Vorkommnissen eine Willenswirkung *unterstellt* werden kann.

Dass die Willenseinwirkung auf der Brücke von Khazad-dûm eine *sprachliche Form* annimmt und dadurch eine *Begründung* erfährt, unterscheidet sie von den übrigen Willenseinwirkungen im Roman: „Ich bin ein Diener des Geheimen Feuers und Gebieter über die Flamme von Anor. Du kannst nicht vorbei. Das dunkle Feuer wird dir nichts nützen, Flamme von Udûn. Geh zurück zu den Schatten. Du kannst nicht vorbei." (HdR I, 454) Der Balrog gibt darauf „keine Antwort" – er kann nichts *erwidern*. Es ist genau diese sprachliche Form, mit der Gandalf sich als eine *instituierte* Macht definiert und vom Balrog unterscheidet. Aber dieser Unterschied fruchtet nichts. In der Welt der *Fantasy* – in der Welt des Kräftemessens – ist er wirkungslos. Nach einer kurzen Pause springt aus dem verdichteten Schatten des Balrog „flammend ein rotes Schwert hervor". Darauf muss Gandalf etwas erwidern: Sein Schwert „Glamdring glitzert[ ] weiß als Antwort". (HdR I, 454)

Als bloße Form der Machtausübung betrachtet, gehört Magie zum Bösen. In einem langen programmatischen Brief an Milton Waldman hat Tolkien erklärt, dass sich sein ganzes „Zeug" in der Hauptsache „um den Sündenfall, die Sterblichkeit und die Maschine" drehe. Der Wunsch des Menschen, seine Vorstellungen (seine Phantasien) zu realisieren, führe „zum Verlangen nach Macht, damit der Wille schneller in die Tat umgesetzt werden kann – und damit zur Maschine (oder Magie)".[108]

In der Betonung ihrer Analogie zur Maschine wird die technologisch-instrumentelle Dimension der Magie, die die ganze *Fantasy*-Literatur beherrschen wird, in den Vordergrund gestellt. Tatsächlich kann man sagen, dass es in der *Fantasy*-Literatur keine Maschinen gibt, *weil* es Magie gibt (was freilich nicht heißt, dass das eine durch das andere substituiert werden könnte). Tolkien versteht unter Magie „jeden Gebrauch äußerer Kunstgriffe oder Hilfsmittel (Apparate) […] aus dem korrupten Motiv, herrschen zu wollen […] oder den Willen anderer zu brechen. Dafür ist die Maschine das moderne, geläufigere Mittel, obwohl sie mit der Magie näher, als meist angenommen, verwandt ist".[109]

---

108 Tolkien: Briefe, S. 194 (Nr. 131).

109 Tolkien: Briefe, S. 194 (Nr. 131).

In diesem Sinne ist der Eine Ring die Quintessenz der magisch-maschinellen Funktion, dem die Vorstellung einer quasi-mechanischen Einwirkung auf fremde Willen zugrunde liegt. Damit ist die Machtausübung des Bösen charakterisiert, über die Sauron auch ohne den Ring verfügt, solange der Ring in der Welt ist (was den Einen Ring freilich doch in die Nähe der Tolkien verhassten Allegorie rückt). „Saurons Geschöpfe", die „Heere Mordors", funktionieren kraft einer magischen Apparatur, von denen es nach der Vernichtung des Ringes heißt, dass „die Macht, die sie antrieb [...], wankt[ ]", weil ihr „Wille [...] von ihnen abgezogen" ist, weshalb sie, zuvor „durch Zauber geknechtet", nun „sinnlos hierhin und dorthin" stürzen oder sich gar gegenseitig erschlagen (HdR III, 298f.). In der Zukunft – nach dem Ende der Anderswelt, nach dem Verschwinden Saurons – wird es statt der magischen Apparaturen tatsächliche Maschinen geben.[110] Und es wird auch *Fantasy*-Spiele zum *Herrn der Ringe* geben, die auf magisch-maschinellen Funktion beruhen. Dieser Erscheinungsweise der Magie stellt Tolkien eine andere Magie entgegen, die nicht als funktionales Äquivalent der Maschine aufgefasst werden soll. Für sie stehen die Elben ein, die in der Zukunft ebenfalls aus Mittelerde verschwunden sein werden. Im Brief an Milton Waldman erklärt Tolkien, er habe das Wort Magie in seinen Texten „nicht in gleichbleibendem Sinne verwendet", worin er den Hobbits gleiche, die dieses „Wort mißverständlich sowohl für die Machenschaften und Maßnahmen des Feindes wie für die der Elben gebrauchen".[111] Das bezieht sich insbesondere auf die Episode mit Galadriels Spiegel, in deren Zusammenhang Sam, der Ultra-Hobbit, seiner Enttäuschung darüber Ausdruck verleiht, noch nichts vom „Elbenzauber" (HdR I, 494) – „Elf-magic" (LotR I, 469) – zu Gesicht bekommen zu haben. Tolkien entschuldigt sich damit, dass er nicht anders konnte, weil es „für die zweite Art kein Wort gibt" (was einen Philologen eigentlich stutzig machen könnte) und sogar „alle menschlichen Geschichten dem gleichen Mißverständnis unterliegen". Diese überaus starke Behauptung wird noch durch den Hinweis ergänzt, die Elben seien „dazu da (in meinen Geschichten), den Unterschied

[110] Hier zeichnet sich natürlich eine zivilisationskritische Diagnose ab, da in der technischen Zivilisation die Sklaverei der Maschinen die Sklaven ersetzt hat usw.
[111] Tolkien: Briefe, S. 194 (Nr. 131).

zu demonstrieren".[112] Zweck der elbischen Magie sei „Kunst und nicht Macht, Zweitschöpfung und nicht Bezwingen und tyrannisches Re-Formieren der Schöpfung".[113]

Diese Standortbestimmung der absichtslosen Kunst (deren poetologische Dimension noch genauer zu betrachten ist) wird in Tolkiens Konstruktion einerseits mit der „Unsterblichkeit" der Elben und andererseits mit dem „Sündenfall" in Zusammenhang gebracht. Denn der Künstler könne zum Beispiel „besitzgierig" werden und „sich an die geschaffenen Dinge als sein ‚Eigentum' anklammern" oder sich mit seiner „Privatschöpfung" gegen „die Gesetze des Schöpfers auflehnen".[114] Diese Ausführungen beziehen sich zunächst einmal nicht auf den *Herrn der Ringe*, sondern auf die später im *Silmarillion* dargelegte Gesamtkonzeption. Feanor, der die Silmaril geschaffen hat, fungiert darin als der „prototypische Künstler".[115] An ihm lässt sich ablesen, dass der Sündenfall in der Vergegenständlichung selbst besteht: Das „Immaterielle" wird zu einem Objekt, das „handhabbar wird und damit in Besitz genommen werden kann"[116] – in diesem Falle trotz magischer Vorkehrungen vom luziferischen Melkor (vgl. Sil 78f.). Im übrigen folgt es aus dieser Bestimmung des schöpferischen Aktes, dass er selbst zu einer magischen Angelegenheit wird (die Herstellung eines magischen Gegenstandes ist ein magischer Vorgang). So kann man zum Beispiel nur sagen, *dass* die Silmaril von Feanor geschaffen wurden, nicht aber, *wie* dies geschah – „erst am Ende aller Tage, wenn Feanor zurückkehrt, […] wird man es wissen, aus welchem Stoff sie geschaffen waren" (Sil 78).

Im Dritten Zeitalter sind diese heroischen Schöpfungen natürlich längst Vergangenheit. Die Elben des Dritten Zeitalters – die Elben im *Herrn der Ringe* – befinden sich in einer ganz anderen Stellung als in den Zeitaltern zuvor, weil sie nur noch eine schwindende, elegische Nachhut sind. Dem entspricht die magische Kraft der drei Elbenringe, die natürlich – parallel zum Einen Ring – die Wirkungsweise der elbischen Magie in potenzierter Form vorstel-

[112] Tolkien: Briefe, S. 194 (Nr. 131).
[113] Tolkien: Briefe, S. 194 (Nr. 131).
[114] Tolkien: Briefe, S. 193 (Nr. 131).
[115] Pesch: Die Wurzel des Bösen, S. 173.
[116] Pesch: Die Wurzel des Bösen, S. 173.

len. Abgesehen von ihnen (und von ihnen abhängig) gibt es zum Beispiel in Lothlórien allerlei annehmliche Gegenstände, die sich elbischer Kunstfertigkeit verdanken, wie unglaublich tarnende Umhänge und wunderbar nahrhafte Lembas, deren magische Qualitäten in einer wunderbaren *Steigerung* natürlicher Eigenschaften bestehen sowie darin, dass sie für die vom Bösen korrumpierten Geschöpfe (wie Gollum) ungenießbar sind. In gewisser Weise werden die Grenzen zwischen dem Magischen und dem Nichtmagischen dadurch fließend, lässt sich das eine nicht klar vom anderen unterscheiden. „Sind das Zaubermäntel [*magic cloaks*]?", fragt Pippin, als den Gefährten die Mäntel überreicht werden; „Ich weiß nicht, was du damit meinst", erhält er vom Elben zur Antwort. „Es sind schöne Mäntel, und das Gewebe ist gut, denn es ist in diesem Lande hergestellt worden. Gewiss sind es Elbengewänder, wenn es das ist, was du meinst." (HdR I, 507, LotR I, 482) Die Gemeinschaft der Elben umgibt sozusagen eine Art magisches Fluidum, aus dem Dinge, die vor etwas bewahren (z.B. vor dem Entdecktwerden), oder die etwas erhalten (z.B. die Kraft) gleichsam von selbst hervorgehen oder *wachsen*.
Vor diesem Hintergrund ist auch die Wirkung der drei Elbenringe zu verstehen. Insofern das Prinzip ihrer Erschaffung auf Sauron zurückgeht – auch wenn sie selbst unabhängig von ihm geschmiedet wurden –, wiederholt sich in ihnen der Sündenfall der Vergegenständlichung; nie seien die Elben, wie Tolkien vermerkt, „so nahe daran gewesen, der Magie und Maschinerie zu verfallen"[117], wie in jener Periode, in der in Eregion die Ringe geschmiedet wurden. Allerdings geraten sie nie in falsche Hände und entfalten ihr Wirken im Verborgenen. Dies ist möglich, weil sich ihr Wirken nicht in konkreten Akten und konturierten Ergebnissen äußert, sondern auf eine ganz und gar diffuse Art und Weise im Erzeugen jenes magischen Fluidums besteht, in dem das Instrumentelle gleichsam diffundiert.[118]
Im *Herrn der Ringe* dienen die Elbenringe nicht dazu, etwas Neues zu schaffen, sondern „den *Verfall* (d.h. ‚Wandel', als etwas Beklagenswertes betrachtet)" aufzuhalten, „das Ersehnte oder Geliebte oder sein Ebenbild zu bewah-

[117] Tolkien: Briefe, S. 202 (Nr. 131).

[118] Insofern ist es nicht ganz korrekt, wenn Wolfgang Krege im *Handbuch der Weisen von Mittelerde* sagt, die Elben hätten mit den Ringen „zivilisatorische Absichten" verfolgt (S. 301).

ren".[119] Denn mit ihrer Entscheidung, dem Ruf nach Westen in die unsterblichen Lande vorerst nicht zu folgen und in Mittelerde zu bleiben, seien die Elben „ein wehmütiges Volk" geworden, dessen „Kunst" in gewisser Weise „antiquarisch" sei, „wobei sie aber auch das alte Motiv ihrer Art bewahren, nämlich die Erde zu schmücken und ihre Wunden zu heilen".[120] Wenn sich – nach Schillers Terminologie – das Sentimentalische im Gemälde des Auenlands als *Idylle* realisiert, so in Bruchtal und vor allem Lothlórien als *Elegisches*. Die Elben sind im *Herrn der Ringe* durch eine elegische Empfindungsweise gekennzeichnet, die die gesamte Trilogie grundiert und verschiedentlich an die Oberfläche tritt. Es ist diese Vergangenheitsbezogenheit der Magie, die sie vor der Maschine rettet.

Als die Gefährten nach ihrem Aufenthalt in Lórien wieder unterwegs sind, rechnet Sam nach, kann sich aber angesichts der Mondphase nicht mehr erklären, wie viel Zeit sie in Lórien verbracht haben, und kommt zu dem Schluss: „Man sollte meinen, daß Zeit dort überhaupt nicht zählt!" In dem sich anschließenden Gespräch hält Frodo zunächst dafür, es könne sein, „daß wir in jenem Land in einer Zeit waren, die längst vergangen ist". Nachdem Legolas Einspruch gegen ein mögliches Stillstehen der Zeit erhoben hat, meint Frodo: „Aber das Vergehen ist langsam in Lórien", denn die „Macht der Herrin ruht darauf. Reich sind die Stunden, wie kurz die auch scheinen mögen, in Caras Galadon, wo Galadriel den Elbenring trägt." (HdR I, 531) Hier ist die spezifische magische Macht des Elbenrings am deutlichsten ausgesprochen. Keineswegs geht es bloß darum, dass – mit Nietzsche gesprochen – die eine Macht ‚wehetut', die andere aber ‚wohltut'. Der Eine Ring könnte – wenn man Tolkiens hypothetischen Überlegungen zu Gandalf als Ringherr folgt – durchaus auch ‚wohltuend' verwendet werden, bloß eben „schleunigst und nur so, wie es der Wohltäter sich vorstellt".[121]

Man könnte sagen, dass die elbische Magie keinen Willen aufzwingt, weil sie sowohl ein anderes Zeitmaß hat (sie will nichts mit Gewalt erreichen, sondern lässt wachsen) als auch eine andere zeitliche Orientierung (sie ist nicht auf die Verwirklichung künftiger Zwecke bezogen, sondern auf die Erhaltung

[119] Tolkien: Briefe, S. 202 (Nr. 131).

[120] Tolkien: Briefe, S. 201 (Nr. 131).

[121] Tolkien: Briefe, S. 202 (Nr. 131).

des Bestehenden); und dass darüber hinaus die elbische Magie nicht von einem Macht ausübenden Subjekt exerziert werde, weil das Subjekt vielmehr hinter einem überpersönlichen Fluidum verschwindet. Das ist richtig, aber auch einseitig: Ob die dunkle Macht den Ringträger dazu zu bringen versucht, den Ring aufzusetzen, um sichtbar für sie zu werden oder ob den Gefährten in Lórien das Zeitgefühl abhanden kommt – in jedem Fall findet eine *Beeinflussung* statt, die sich auf einen Willen richtet, der nicht *gefragt* worden ist. In beiden Fällen wird Macht in Form von Einflussnahme ausgeübt und nicht in Form von *Herrschaft* im soziologischen Sinn. Denn während der Begriff Macht „soziologisch amorph" ist, insofern die Einwirkung auf einen Willen unspezifisch erfolgt, kann der soziologische Begriff der Herrschaft „nur die Chance bedeuten: für einen *Befehl* Fügsamkeit zu finden"[122]. Herrschaft setzt also ein „Minimum an Gehorchen*wollen*"[123] (an Legitimität) voraus.

Tom Bombadil. In dieser Hinsicht lohnt es sich, einen Blick auf eine singuläre Figur im *Herrn der Ringe* zu werfen, die die Leser schon immer fasziniert hat. Man wird in der Weltliteratur wohl nur wenig andere Nebenfiguren finden, denen ein derartiges Maß an Aufmerksamkeit geschenkt worden ist wie Tom Bombadil.[124]

In einem Brief vom April 1954 an Naomi Mitchison, die brieflich eine Reihe von Fragen zum *Herrn der Ringe* gestellt hatte, fasst Tolkien seine konzeptuellen Überlegungen zu Tom Bombadil, der „keine wichtige Person – für die Erzählung" sei, aber „etwas Bedeutung" als „Kommentar" habe, folgendermaßen zusammen:

> So, wie die Geschichte angelegt ist, gibt es eine gute und eine böse Seite, Schönheit gegen gnadenlose Abscheulichkeit, Tyrannei gegen Königtum, maßvolle Freiheit gegen einen Zwang, der längst jeden Zweck außer dem bloßen Machtstreben verloren

---

[122] Weber: Wirtschaft und Gesellschaft, S. 38.

[123] Weber: Wirtschaft und Gesellschaft, S. 157.

[124] Verstärkt natürlich durch die Entscheidung Peter Jacksons, diese Figur bei der Verfilmung wegzulassen.

> hat, und so weiter; aber beide Seiten, die konservative wie die destruktive, erfordern ein gewisses Maß an Herrschaft. Wenn man aber sozusagen ein „Armutgelübde" abgelegt hat, auf Herrschaft verzichtet und sich den Dingen um ihrer selbst willen, ohne Bezug auf uns selbst, erfreut, sie beobachtet, ihnen zusieht und sie bis zu einem gewissen Maß kennt, dann könnte einem die Frage nach dem Recht und Unrecht von Macht und Herrschaft völlig sinnlos werden, und die Machtmittel würden ziemlich wertlos.[125]

Die Figur Tom Bombadil führt demzufolge also eine Metaebene ein, sie lässt sich als Kommentar zu der Grundopposition lesen, die den gesamten *Herrn der Ringe* strukturiert. Zwischen dem Guten und dem Bösen (zwischen Freiheit und Zwang, zwischen dem Schönen und dem Abscheulichen, Königtum und Tyrannei) soll es ein Drittes geben, das aber weder als Mittelding noch als Aufhebung des Gegensatzes zu denken ist. Zwar soll dieses Dritte die Einheit des Gegensatzes insoweit zeigen, als auf beiden Seiten Macht notwendig ist, aber damit ist im Grunde nur eine Diagnose gestellt. An eine Aufhebung ist nicht zu denken. Tolkien fasst das Problem in diesem Brief aus einer eher politischen Perspektive an, weshalb er zwischen Macht und (politischer) Herrschaft nicht unterscheidet. Entsprechend erklärt er seiner Briefpartnerin, es handle sich um eine „von Natur pazifistische Auffassung, die einem immer dann in den Sinn kommt, wenn Krieg ist".[126] Mit dieser Versetzung der Figur Tom Bombadil in realpolitische Verhältnisse (in denen er dann als weltfremd erscheinen muss), bleibt Tolkien gewissermaßen unterhalb des Niveaus seiner Figur. Pazifismus entsteht letztlich gleichursprünglich mit der Einsicht, dass es die klare Unterscheidung von Gut und Böse nicht gibt. Diese aber wird im *Herrn der Ringe* vorausgesetzt. Tolkien nimmt hier die notwendigerweise pragmatische Perspektive derer ein, die in Elronds Rat die Entscheidung darüber zu fällen haben, was mit dem Ring geschehen soll, und – wie es im Brief sehr konventionell heißt – meinen, dass das Credo Tom Bombadils „für eine ausgezeichnete Sache steht, daß es aber doch manche Dinge gibt, mit denen

[125] Tolkien: Briefe, S. 237 (Nr. 144).

[126] Tolkien: Briefe, S. 237 (Nr. 144).

es nicht fertig werden kann, und von denen seine Existenz nichtsdestoweniger abhängt". Das ist der *common place* über die Pazifisten – dass sie die Nutznießer davon sind, dass andere sich die Hände schmutzig machen müssen: „Letztlich wird nur der Sieg des Westens dafür sorgen, daß Bombadil sich halten oder auch nur überleben kann."[127]

Politisch-pragmatisch gesehen mag Tom Bombadil ‚für' den Pazifismus als eine ‚ausgezeichnete Sache' stehen, an und für sich aber steht er überhaupt nicht ‚für etwas'. Auf seine Frage „wer ist Tom Bombadil?" erhält Frodo von dessen Frau und Herrin Goldbeere zur Antwort „Er ist." (HdR I, 181) Dass er der Einzige zu sein scheint, über den der Ring keine Macht zu haben scheint,[128] dass er als älter dargestellt wird als das gesamte übrige Figurenpersonal im *Herrn der Ringe*, macht ihn zu einer erratischen Figur, der eine offenbare Paradoxie zugrunde liegt. Denn muss derjenige, über den der Ring der Macht keine Macht hat, nicht mächtiger sein als alle anderen? Wie kann es sein, dass jemand die Macht hat, sich von der Macht fernzuhalten (was etwas ganz anderes ist als zum Beispiel der einsiedlerische Verzicht auf Herrschaft)? Nur in einer *Fantasy*-Welt kann die vollkommen machtlose ‚pazifistische' Position mit einer derartigen Machtvollkommenheit ausgestattet werden.

Mehr noch: In gewisser Weise *definiert* es die Logik von *Fantasy*-Welten, dass eine solche Umkehrung als ein äußerster Grenzfall möglich ist. Daher ist Tom Bombadil im Reich der *Fantasy* sowohl ein Fremdkörper wie auch das exzentrische Gravitationszentrum, oder – wie man eine berühmte Bemerkung von Freud über den Traum variieren könnte – er ist die Stelle, an der die Phantasie unergründlich ist, gleichsam der Nabel, durch den sie mit dem Unerkannten zusammenhängt (nämlich mit dem, was ihr selbst unerkannt bleiben muss).[129] Vor diesem – nicht zuletzt gattungstheoretischen – Hintergrund sollte auch Tolkiens eigene Bemerkung gedeutet werden, „ein paar

[127] Tolkien: Briefe, S. 237 (Nr. 144).

[128] An dieser Stelle sollte – wie anscheinend bislang nicht geschehen – auch die Gender-Perspektive berücksichtigt werden. Innerfiktional liegt ja eigentlich die – in Bruchtal nicht erörterte – Frage nahe, ob Goldbeere auch gegen die Macht des Ringes immun wäre.

[129] „Jeder Traum hat mindestens eine Stelle, an welcher er unergründlich ist, gleichsam einen Nabel, durch den er mit dem Unerkannten zusammenhängt." (Freud: Die Traumdeutung, S. 130)

Rätsel" müsse „es immer geben, sogar in einem mythischen Zeitalter. Tom Bombadil ist eines davon".[130]

Dass Tom Bombadil ein Fremdkörper *in* der *Fantasy*-Welt ist, heißt auch, dass er mehr sein muss als ein „Kommentar", mehr als eine Abstraktion. Er ist auf mannigfache Weise in diese Welt integriert. Die innerfiktionale Entfaltung dieser Figur wird daher zugleich zu einer Form des Nachdenkens über deren Position und bedarf einer genaueren Betrachtung. Bekanntlich ist die fiktive Figur Tom Bombadil älter als das Buch *Der Herr der Ringe*, weil sie der Titelheld einer 1934 erstmals veröffentlichten Geschichte ist: *The Adventures of Tom Bombadil.*[131] Einer Anekdote zufolge geht die Figur auf eine holländische Puppe von Tolkiens Sohn Michael zurück, entstammt mithin einem dem *Herrn der Ringe* denkbar fernen Kontext. In dieser ersten Geschichte ist Tom Bombadil ein unbekümmerter Geselle mit langem Bart, der im Einklang mit der Natur lebt, deren Mächte ihm letztlich nichts anhaben können. Nach einem Bad im Flüsschen Weidenwinde lernt er die Wassernymphe Goldbeere kennen, die er später für sich gewinnen kann.

Eine durchaus harmlose, in erster Linie an Kinder gerichtete Dichtung also, deren Hauptbestandteile (alter Wald, Weidenmann, Weidenwinde, Goldbeere) im *Herrn der Ringe* übernommen werden. Dort kommt Tom Bombadil den Hobbits in ihrer ersten wirklich bedrohlichen Situation außerhalb des Auenlands zu Hilfe. Der Baum, der Merry und Pippin zu verschlucken droht, wird von ihm als der alte Weidenmann bezeichnet und mittels Gesang dazu gebracht, die Hobbits wieder freizugeben. Weiterhin ist Bombadil durch Unsinnsgesang, anscheinend sorgloses Verhalten und (im Gegensatz zu seiner Frau und seinem Namen entsprechend) durch einen antigrazilen Körperbau charakterisiert (in der Größe zwischen Mensch und Hobbit). Es wurde also alles getan, um ihm jegliche Bedeutungsschwere zu nehmen.[132] Auch die Nichtwirkung des Ringes auf ihn (er sieht Frodo, obwohl er den Ring aufzieht, und er bleibt für die anderen sichtbar, auch wenn er ihn sich selbst an den Finger steckt) wird in einem spielerischen Rahmen demonstriert.

---

[130] Tolkien: Briefe, S. 231 (Nr. 144).

[131] Tolkien: Die Abenteuer von Tom Bombadil, erschienen im *Oxford Magazine*.

[132] Vgl. auch den antigrazilen Name seines Ponys: Plumpel. Dieses Tier ist kein ‚Herrschaftssymbol'.

Ein wesentliches Merkmal von Tom Bombadil ist seine Ortsbezogenheit. Er durchstreift die nähere und weitere Umgebung seines Hauses, vor allem den alten Wald, und kehrt des Abends zu Goldbeere, der Herrin des Hauses zurück. In diesem Zusammenhang ist bemerkenswert, dass er und Goldbeere im *Herrn der Ringe* als die einzige stabile Paarbeziehung ins Bild gerückt werden. Natürlich heiraten die Hobbits, aber die vier Gefährten sind Junggesellen ohne Eltern, die Menschen konfigurieren sich erst ganz am Ende zu Paaren (Aragorn und Halbelbin Arwen, Faramir und Éowyn), bei den Zwergen bleibt die Paarbildung ohnehin im Dunkeln. Einzig Celeborn und Galadriel in Lórien werden ebenfalls explizit als Paar deklariert; sie agieren aber nicht nur getrennt voneinander, sondern werden auch nicht in aufeinander bezogenen Interaktionen gezeigt. Seine Liebe zu Goldbeere beweist nicht zuletzt, dass Tom Bombadil keineswegs in der Position des weltabgewandten Einsiedlers oder des prinzipientreuen Asketen ist, dass er Umgang hat und umgänglich ist, *dass es ihm an nichts fehlt.*[133]

Man könnte auch sagen: Dieses Paar ist sich selbst genug. Es wird durch Dritte nicht behelligt. Aber es pflanzt sich auch nicht fort. Dafür bleibt alles, wie es ist. Die in der *Genesis* vorhergesagten Folgen des Sündenfalls – das unstillbare Begehren, die Arbeit im Schweiße des Angesichts, das Gebären unter Schmerzen, das Zu-Staub-Werden – sind hier unbekannt. Auch von der *Sorge* – nach Martin Heideggers *Sein und Zeit* bekanntlich das „Sein des Daseins", das unhintergehbare Existenzial – ist hier nichts zu spüren.[134] Bombadil trägt Sorge nur in dem Sinn, dass er sich um die Dinge um ihn herum *kümmert*, indem er ihnen das zukommen lässt, was ihnen Not tut. Ansonsten eignet ihm eine fundamentale, d.h. kindliche Sorglosigkeit.

Er ist daher auf eine andere Weise unsterblich als die Elben. Ganz und gar unelegisch, bezieht er sich nicht auf die vergangene Zeit, sondern auf die unmittelbare Gegenwart (insofern sind ihm die Hobbits von allen Geschöpfen in Mittelerde am nächsten[135]) und auf die zyklische Zeit der Jahreszeiten. Er

[133] In diesem Zusammenhang sei beiläufig bemerkt, dass aus dem Speisezettel Tom Bombadils seine vegetarische Ernährung hervorgeht, dass aber dies nicht explizit gemacht oder weltanschaulich unterfüttert wird (weil Tom Bombadil überhaupt nichts lehrt).

[134] Heidegger: Sein und Zeit, S. 191 (§41).

[135] Vgl. auch sein freundschaftlicher Umgang mit dem Bauern Maggot.

ist auch auf eine andere Weise alterslos. In Bruchtal weiß man, dass man ihn in früherer Zeit „Iadar Ben-adar" nannte, „den Ältesten und Vaterlosen" (I, 366). Für ihn gibt es keinen sagenhaften Westen, Vergangenheit und Zukunft zugleich. Die Zuschreibung der Vaterlosigkeit verweist in diesem Zusammenhang darauf, dass Tom Bombadil *jenseits der genealogischen Ordnung* situiert wird, während die Abstammung bei den Elben trotz ihrer ‚Unsterblichkeit' eine große Rolle spielt (freilich nicht im *Herrn der Ringe*, in dem keine Elben mehr gezeugt werden). Er hat weder Vater noch Sohn.[136] Er ist in keiner Ordnung verortet. Wer soll sich das vorstellen können? Aber kann es anders sein bei jemandem, über den die Macht keine Macht hat?

Mit Tom Bombadil lässt sich kein Staat machen, weder im Guten noch im Bösen. Er hat – so Tolkien im brieflichen Kommentar – nicht nur „kein Verlangen nach Besitz oder Herrschaft" und „weiß und versteht nur von den Dingen etwas, die ihn in seinem natürlichen kleinen Reich angehen", sondern er „fällt kaum je ein Urteil, und soweit man sieht, macht er selbst gegen den Weidenmann kaum einen Versuch, ihn zu bessern oder zu entfernen."[137] Weder eine Metaphysik der Macht noch eine Mikrophysik der Macht kann man ihm nachsagen. Auch in seinem ‚Reich' sorgt er nicht für eine konsistente Ordnung. Die dafür charakteristischen Tätigkeiten sind neben dem Durchstreifen das Sammeln und das Reparieren. Ein ‚natürliches Reich' ist eben kein Reich, sondern eher ein Einflussbereich. Innerhalb dieses Einflussbereiches kann Tom Bombadil *gerufen* werden (wie es dann durch die Hobbits zweimal geschieht). Ansonsten gilt (in genauem Gegensatz zu Sauron): aus dem Auge, aus dem Sinn.

Tom Bombadil ist kein *zoon politikon*. Wird er dadurch nicht zu einer Allegorie? Nach Tolkien ist Tom Bombadil zwar nicht als „Allegorie" gemeint („sonst hätte ich ihm keinen so eigenartigen, individuellen und lächerlichen Namen gegeben"), aber er sei in gewisser Weise doch eine, da die Allegorie „für manche Tätigkeiten die einzige Darstellungsweise" sei – nämlich ein „Muster, eine besondere Verkörperung der reinen (echten) Naturwissenschaft: der Geist, der nach Wissen von anderen Dingen, ihrer Geschichte

---

[136] Goldbeere wird außerhalb der Genealogie genealogisch verortet: „Ich bin Goldbeere, Tochter des Flusses" (HdR I, 180).

[137] Tolkien: Briefe, S. 254 (Nr. 153).

und Natur verlangt, *weil sie ‚anders' sind* und völlig unabhängig vom Untersucher […].“[138] Dieser arglose Umgang mit der Natur, eine gänzliche unmethodische und nicht-akkumulative Natur-Wissenschaft, deren kindliche Seite nicht verhehlt wird, hat ihr Gegenstück in einer bestimmten Form der Verantwortungslosigkeit in politischer Hinsicht.[139] Nicht nur *kümmert* er sich nicht um das, was außerhalb seines Einflussbereiches geschieht, man kann ihm Gandalf zufolge auch die Aufgaben nicht übertragen, die er mit seinem Alleinstellungsmerkmal exklusiv übernehmen könnte. Auf die Frage, ob Bombadil den Ring in Verwahrung nehmen würde, meint er:

> Er täte es vielleicht, wenn alle freien Völker der Welt ihn darum bäten, aber er würde die Notwendigkeit nicht einsehen. Und wenn er den Ring erhielte, würde er ihn bald vergessen oder höchstwahrscheinlich wegwerfen. Derartige Dinge prägen sich seinem Sinn nicht ein. Er wäre ein sehr unsicherer Hüter […]. (HdR I, 367)

Eine solche Einschätzung verstärkt noch einmal die Faszination, die von der Figur Tom Bombadils ausgeht: Wie ist es möglich, dass der Verlässlichste, der den Hobbits die meiste Geborgenheit vermittelt, zugleich unzuverlässig ist, wenn es darum geht, diesem Ring als Depot zu dienen? Die Antwort liegt einfach darin, dass der Ring für Tom Bombadil nur das ist, was er konkret ist – ein kleines Ding, das keinerlei Phantasien auslöst. Denn wie könnte Tom Bombadil Phantasien haben?

Es ist klar, dass Tom Bombadil eine Singularität ist – eine Unmöglichkeit, die als Möglichkeit vor Augen gestellt wird (daraus folgt freilich, dass Tom Bombadil und Goldbeere als eine singuläre Einheit betrachtet werden müssen). Insofern ist die in diversen Foren und Tolkien-Websites diskutierte Frage, *wer* oder *was* Tom Bombadil ist, natürlich falsch gestellt. Frodo stellt die Frage

[138] Tolkien: Briefe, S. 254 (Nr. 153).

[139] Es ist daher ganz falsch, wenn behauptet wird: „Tom Bombadil is Tolkien's moral ideal“ – so Gene Hargrove am Schluss ihres Essays *Who is Tom Bombadil?* Ein moralisches Ideal ist verallgemeinerbar. Die Nicht-Verallgemeinerbarkeit ist aber der Witz der Existenz von Tom Bombadil. Und wäre die Existenz von Tom Bombadil verallgemeinerbar, gäbe es keine Moral mehr.

nach dem Wer ja auch, und bekommt von Goldbeere ein lapidares „Er ist" (HdR I, 181) zur Antwort. In seinem Antwortbrief muss Tolkien seinem Adressaten Peter Hastings die von diesem geäußerte Vermutung ausreden, dies sei ein Hinweis darauf, dass Tom Bombadil Gott ist. Das Körnchen Wahrheit, was in dieser abwegigen und ungereimten Vorstellung steckt, ist, dass Tom Bombadil eben nicht das Exemplar einer *Art* sein kann.[140] Insofern ist die *Was*-Frage sinnlos (mit der Antwort, er sei ein Valar, ein Maia wie Gandalf oder ein Naturgeist[141]).

Bei der *Wer*-Frage liegt die Sachlage anders. Die Antwort könnte hier in der Behauptung bestehen, dass Tom Bombadil mit einer anderen Singularität identisch ist. Tom Bombadil ist dann gewissermaßen ein Deckname – z.B. für Gott. Während es bei dieser Identifikation noch eine fiktionsinterne (hinter Tom Bombadil verbirgt sich der Schöpfergott Eru Ilúvatar) und eine fiktionsexterne Variante (Tom Bombadil soll Gott irgendwie ‚symbolisieren'), sind die beiden weiteren in Frage kommenden Singularitäten von vornherein fiktionsextern: Hinter Tom Bombadil verbergen sich der *Autor* oder der *Leser*. Wer sich als *Fantasy*-Leser auf ‚Tolkiens Welt' einlassen möchte, kann freilich nicht zugestehen, dass Tolkien in dieser Welt selbst ‚vorkommt'. Steuard Jensen erklärt denn auch in seinem Essay, er sei daran interessiert, wie Tom „fits into middle earth".[142]

Dasselbe Verdikt trifft natürlich auch die Identifikation Tom Bombadils mit dem Leser, und man fragt sich, was eine derartige Identifikation überhaupt heißen soll. Gerade deshalb verdient diese von Barb Beier in ihrem Essay

---

[140] In und in Bezug auf *Fantasy*-Welten ist es grundsätzlich eine zentrale Operation, die in ihr auftauchenden Wesen oder Geschöpfe *Arten* zuzuordnen. Dies gilt insbesondere für Geschöpfe, die über eine wie auch immer geartete Vernunft verfügen und in Gemeinschaften zusammenleben. In der ‚wirklichen Welt' benötigen wir diese Zuordnungsoperation nicht, da wir davon ausgehen, dass dies nur für Menschen gilt.

[141] Steuard Jensen geht in seinem Essay über Tom Bombadil die verschiedenen Identifikationsmöglichkeiten durch und kommt zu dem tolkienistischen Ergebnis: „In the end, the only firm conclusion that we can reach is that Tom Bombadil remains an enigma; Tolkien seems to have succeeded after all. Even if Tom is never to be understood, I think that we have learned a bit about Middle-earth by searching for an answer, and I, at least, have enjoyed the quest." (Jensen: What is Tom Bombadil?)

[142] Jensen: What is Tom Bombadil?, Abschnitt „Introduction to the Debate".

Bombadil Discovered vertretene These Interesse.[143] Sie kommt zu dem Ergebnis, Bombadil und Goldbeere seien „reader avatars", weil sie nach der Funktion dieser beiden Figuren für die Geschichte bzw. die dargestellte Welt fragt. Nach Beier hat die Episode mit Tom Bombadil und Goldbeere nach den Fährnissen im Alten Wald eine Brückenfunktion zwischen der für Kinder gedachten Märchenwelt des *Hobbit* und der für Erwachsene gedachten Fantasy-Welt im *Herrn der Ringe*. Während der *Hobbit* die Geborgenheit des Lesers voraussetze und nähre, wäre dies im *Herrn der Ringe* anders. In gewisser Weise sind Tom Bombadil, Goldbeere und ihr Haus in der Welt des *Herrn der Ringe* Fremdkörper, weil sie (noch) der Welt des *Hobbit* angehören. Es sei folgerichtig, dass dieses Einsprengsel mit der ersten großen Gefahrensituation auf der Reise verbunden sei. Die Episode spreche auf diese Weise einerseits das Kind im erwachsenen Leser an und werbe für eine märchenhafte „willing suspension of disbelief" (nach Coleridges berühmter Definition dessen, was heute Fiktion heißt), und sie biete den Lesern andererseits einen „safe place" in Mittelerde in einem Moment, in dem innerhalb der Diegese alle sicheren Plätze wankend geworden sind und die Reise ins Unbekannte geht.[144]

Diese These erklärt, weil sie sich auf eine andere Ebene bezieht, sehr Vieles nicht, aber sie lässt sich recht gut mit dem vereinigen, was sie nicht erklärt. Insbesondere wird durch diese Betrachtung noch einmal deutlich, dass die *Ortsbezogenheit* für die Frage nach der Figur Tom Bombadil zentral ist und seine *poetologische* Bedeutung damit zusammenhängt (sie verdeutlicht etwa, in welcher Weise *Fantasy* auf einer strukturellen Ebene *All-Age*-Literatur ist).[145] Unter dieser Voraussetzung braucht man auch nicht mehr die Frage zu unterschlagen, was es denn mit Goldbeere auf sich hat. In Tom Bombadil und Goldbeere wird die Bewohnbarkeit eines Ortes postuliert, der sich jen-

[143] Beier: Bombadil Discovered.

[144] So lautet der Schluss von Beiers Ausführungen: „Tom Bombadil and Goldberry likely are intended to be both gatekeepers and reader avatars, and the House of Bombadil the reader's safe place in Middle Earth where the reader can feel comfortable at a subconscious level even when the story moves to Mordor and beyond, and the main characters are changed so dramatically."

[145] Aus dieser Perspektive ist die Tilgung der Figur Tom Bombadil in der Verfilmung von Peter Jackson durchaus folgerichtig. Die Verfilmung muss, um zu funktionieren, mit allen Konsequenzen den Ort ausblenden, an dem ihr mediales Apriori befragt werden könnte.

seits von Macht befindet – also jenseits dessen, worum es in der Gattung *Fantasy* geht. Die Bedingungen dieser Bewohnbarkeit werden im *Herrn der Ringe* erzählerisch entfaltet, *als ob* Tom Bombadils Haus ein ‚normaler' Bestandteil ein *Fantasy*-Welt sein könnte (und nicht der *Nabel* im oben ausgeführten Sinne). Auf spezifische Weise (nämlich indem der Fremdkörper einen Ort hat) deutet sich hier der allgemeine Befund an, dass *Fantasy*-Welten unterhalb ihrer Oberfläche in sich *heterogen* sind.[146]

[146] Von der Konzeption des *Herrn der Ringe* aus gesehen kann man sagen, dass durch diesen ‚Nabel' die Problemstellung innerhalb der fiktiven Welt (die Neutralisierung des Rings) *relativiert* wird. So Tolkien abschließend zu Tom Bombadil in dem schon mehrfach zitierten Briefentwurf an Peter Hastings. Man müsse sich nämlich auf einen „relativ kleinen" Teil der Welt „konzentrieren, ob man nun eine Geschichte erzählen will, egal wie lang, oder ob man etwas in Erfahrung bringen will, egal wie grundsätzlich". Es müsse stets „vieles ausgelassen oder an der Peripherie verzerrt werden oder erscheint als störende Absonderlichkeit. Die Macht des Ringes über alle Beteiligten, sogar die Zauberer oder Sendboten, ist kein Wahn – aber auch nicht die ganze Wahrheit, nicht einmal für den damaligen Zustand und Inhalt jenes Teils des Universums." (Tolkien: Briefe, S. 254; Nr. 153). Dies verdeutlicht Tom Bombadil. Er ist sozusagen ein Einspruch gegen die Logik der Gattung, in der er auftaucht.

6. Reiche

Was ist ein Reich? Das „natürliche[ ] kleine[ ] Reich", das Tom Bombadil bewohnt, ist eigentlich kein Reich, sondern so etwas wie ein Einflussbereich. Etwas missverständlich sagt Goldbeere, ihr Mann sei der „Meister von Wald, Wasser und Berg", worauf Frodo schlussfolgert: „Dann gehört ihm dieses ganze sonderbare Land?" Das nun wiederum verneint Goldbeere entschieden: „Das wäre wahrlich eine Bürde". Vielmehr gehöre alles in diesem Land nur „sich selbst" (HdR I, 181). Gandalf formuliert in Elronds Rat, Bombadil habe sich „in ein kleines Land zurückgezogen, dessen Grenzen er selbst festgelegt hat, obwohl niemand sie sehen kann" (HdR I, 367). Tom verabschiedet die Hobbits, nachdem er sie bei den Hügelgräbern ein zweites Mal gerettet und noch ein gutes Stück begleitet hat, an der Straße nach Bree mit dem gesungenen Hinweis, dass hier die Grenze sei: „*Toms Reich endet hier, er wird es nicht verlassen, / Tom hütet Haus und Hof, und Goldbeere wartete*". Im Original wird aber deutlich, dass hier nicht eigentlich von einem Reich die Rede ist: „*Tom's country ends here: he will not pass the borders. / Tom has his house to mind, and Goldberry is waiting*" (LotR I, 193). Und nur ein Land (*country*), so scheint es, nicht aber ein Reich (*empire* oder *kingdom*) kann eine *Straße* als *Grenze* haben.

In den *Fantasy*-Welten geht es um Reiche. Aber was ist ein Reich? Dem *Deutschen Wörterbuch von Jacob und Wilhelm Grimm* kann man die folgende Erklärung entnehmen: „*goth.* reiki (*stamm* reikja); *altnord.* rîki, *schwed.* rike, *dän.* rige; *ags.* rîce, *mittelengl. schottisch* ryke; *alts.altnfr.* rîki, *mnd.* rike, *mnl.* rike, rijk; *ahd.* rîhhi, *mhd.* rîche" bedeutet 1. „*herschaft, gewalt, regierung*", 2. „*das gebiet das der herschaft unterworfen ist*", und sodann, neben vielen anderen Bedeutungen: „*im freiesten sinne, auf irgend welche herrschaft und ort derselben im gebiete der natur und der gedanken, des sinnlichen und geistigen bezogen, in manigfachster anwendung.*"[147]

Das Wort „Reich" kann in sehr verschiedener Weise etwas sehr Verschiedenes meinen. Um zu verstehen, in welcher Weise der *Begriff* des Reichs für die Beschreibung von *Fantasy*-Welten zentral ist, ist es zweckmäßig, ihn grob vom

[147] Deutsches Wörterbuch von Jacob und Wilhelm Grimm, Bd. 14, Sp. 573ff.

Begriff des *Staates* abzugrenzen. Denn erkennbar gewinnt das Wort „Reich“ seine Bedeutung zu einer Zeit und in einer Region, in der von einer Staatlichkeit im modernen Sinne nicht die Rede sein kann. Es sind nicht zufällig die Zeit und die Region, die auch für die *Fantasy*-Welten modell- und stilbildend gewesen sind: das (mehr oder weniger artifizielle[148]) nordische, noch nicht christianisierte Mittelalter.

Offensichtlich betreffen beide Begriffe – Staat und Reich – die Ausübung von Herrschaft über einen bestimmten Raum oder genauer: ein bestimmtes *Gebiet*. Allerdings wird dieses Verhältnis jeweils unter einem ganz unterschiedlichen Blickwinkel betrachtet. Daher können Reiche durchaus Staaten sein, wie nicht nur an einigen Namen (*Frankreich* und *Österreich*) und einigen Institutionen (Königreiche als konstitutionelle Monarchien) noch heutzutage ablesbar ist. Historisch gesehen hat sich die moderne Staatlichkeit (die Nation) aus den Königreichen des Absolutismus entwickelt. Die Soziologie beschäftigt sich, wenn sie sich den Formen der Herrschaft zuwendet, mit dem *Funktionieren* staatlicher Gebilde. Sie kann dann etwa, ausgehend von Max Weber[149], Aussagen über die legale, die traditionale und die charismatische Herrschaftsform treffen – ganz unabhängig davon, ob sich diese Gebilde Reiche nennen oder nicht. Die *Idee des Reichs* spielt in diesen Betrachtungen keine Rolle. Das Reich ist etwas, das als Idee existieren kann. Dann ist es sowohl weniger als auch mehr als die Vorstellung einer *politischen* Gemeinschaft.

Unter der *Reichsidee* versteht man daher das Konzept einer *überstaatlichen* Herrschaft. Ihr Modell ist das Römische Reich, das *Imperium Romanum*, das die Einheit der Völker unter der Universalherrschaft einer *pax romana* vereinigte. Nach der Reichsidee kann das vorgestellte Reich an kein zweites, gleichberechtigtes Reich grenzen. Das *Heilige Römische Reich* (seit dem 15. Jahrhundert das *Heilige Römische Reich deutscher Nation*), das von der Karolingerzeit an nominell bis 1806 bestand, verdankt sich schon dem Namen nach einer *translatio imperii*: Es deklariert sich als Erbe des Römischen Reiches und leitet seinen (ideellen) Universalitätsanspruch aus dem Bezug zum alleinseligmachenden Christentum ab. Es versteht sich als überstaatliches

---

148 Vgl. zur Romantik bzw. Neuromantik als ‚Artifizialisierungsinstanz' bei Tolkien Bidlo: Sehnsucht nach Mittelerde, insbes. S. 79ff.

149 Vgl. Weber: Wirtschaft und Gesellschaft, Bd. 1, S. 160-180.

Kaiserreich und kann, neben Herzogtümern durchaus auch Königreiche unter sich vereinigen. Gerade die Geschichte des *Heiligen Römischen Reiches* zeigt, dass dem Reich etwas Nominelles anhaftet, dass es nach Maßgabe seines Universalitätsanspruches unterhalb der ideellen Einheitlichkeit *Heterogenes* zusammenfasst und bis zu einem gewissen Grade *heterotop* ist.[150]

Reiche, die dieser Logik in besonderer Weise folgen, heißen *Imperien.* Kurz- und langlebige Großreiche und Weltreiche hat es in der Geschichte immer wieder gegeben, von Ägypten bis China, vom Reich der Assyrer bis zum Mongolenreich, vom spanischen Weltreich bis zum British Empire. Im Vergleich zu einem „institutionellen Flächenstaat" unterliegt ein Imperium „gänzlich anderen Imperativen und Handlungslogiken".[151] Es hat zum Beispiel keine definierten Grenzen in der Weise, dass die Grenze den Übergang zwischen zwei Staaten markiert. Ein Reich kann und darf sich seinem eigenen Verständnis nach stets *ausdehnen.* Es wird nicht als etwas gedacht, was – zum Beispiel nach Maßgabe einer ethnischen Zugehörigkeit – auf ein bestimmtes Territorium beschränkt ist.

Der Imperium erstreckt sich im eigentlichen Sinne – wie es im Wörterbuch der Brüder Grimm heißt – über ein *„gebiet das der herschaft unterworfen ist"*: Alles, was sich in diesem Gebiet befindet und Ohren hat, kann durch die Befehle dieser Herrschaft erreicht werden. *Imperium,* das lateinische Wort für Reich, meinte in seiner ursprünglichen Bedeutung zunächst den *Befehl,* und zwar die Befehlsgewalt der Magistrate, die sich aus dem militärischen Kommando ableitet.[152] Entsprechend verhält es sich mit dem deutschen Wort *Gebiet*: Das Reich erstreckt sich auf das Gebiet, in dem die Herrschaft etwas zu *gebieten* hat.

Zwar kann jedes Reich – jedes Imperium – danach streben, sich durch Etablierung stabiler Verwaltungsstrukturen zu verstetigen und dadurch eine Staatsform anzunehmen, *an sich* ist aber ein Reich *etwas anderes.* Es wird dadurch, dass es als Reich bezeichnet wird, in einer anderen Hinsicht betrachtet, nämlich nicht im Hinblick auf sein Funktionieren, seine Verwaltung und

---

150 Zum Begriff des Heterotopen vgl. Foucault: Die Ordnung der Dinge, S. 20f.

151 Münkler: Imperien. Die Logik der Weltherrschaft – vom Alten Rom bis zu den Vereinigten Staaten, S. 16.

152 Vgl. Kunkel: Römische Rechtsgeschichte. Eine Einführung, S. 25.

seine Organisation, sondern hinsichtlich des Gebietes, über das es sich erstreckt. Die Einheit des Reiches besteht also *nicht* – wie in einem Staat – darin, dass das Gebiet als in sich *homogen* angenommen wird, dass ein Wissen über seine Einwohner akkumuliert wird (daher das Wort *Statistik*) und dass es die Fiktion eines Gesellschaftsvertrages gibt, demzufolge alle Mitglieder übereingekommen wären, seine Gesetze anzuerkennen. Die Einheit des Reiches besteht schlicht darin, dass die gebietende Stimme überall in ihm gehört wird, dass aber auch umgekehrt die Stimmen derer, die die gebietende Stimme hören, nicht ungehört bleiben.

Über die Herrschafts*form* und die Herrschafts*intensität* innerhalb eines als Reich aufgefassten Gebildes ist damit noch nicht viel ausgesagt. Charakteristisch für Imperien ist zunächst der Gegensatz zwischen Zentrum und Peripherie, in dem sich ihre strukturelle Inhomogenität spiegelt. Das Zentrum ist der Ort, wo die Befehle herkommen. Aber sie werden nicht über all im Reich auf dieselbe Weise und in derselben Intensität gehört. Ein „vom Zentrum zur Peripherie verlaufendes Integrationsgefälle" bewirkt einerseits „zumeist eine abnehmende Rechtsbindung", dem in der Regel andererseits „geringer werdende Möglichkeiten korrespondieren, die Politik des Zentrums mitzubestimmen", also gehört zu werden.[153]

Wenn man dies verallgemeinert, lässt es sich auch auf die Reiche anwenden, um die es in der *Fantasy* im allgemeinen und im *Herrn der Ringe* im besonderen geht: Innerhalb des Gebietes eines Reichs wird die Stimme des Gebieters nicht überall in der gleichen Intensität und bisweilen auch überhaupt nicht gehört, weil es auch *andere Mächte* (welcher Art auch immer) innerhalb des Reiches gibt. Ohnehin kann die Intensität der gebieterischen Stimme sehr unterschiedlich sein. Die Stimme des Gebieters kann in einer terroristischen Despotie unablässig und mit aller Schärfe erklingen, sie kann aber auch in einer tendenziell nominellen Herrschaft nur sehr selten und ohne Nachdruck vernehmbar sein. So heißt es (wie bereits ausgeführt) von den Hobbits der Königszeit, sie seien zwar „dem Namen nach seine Untertanen" (HdR I, 22) gewesen, hätten sich aber *de facto* selbst regiert. Im Grenzfall existiert das Reich nur noch in der Vorstellung des Machthabers, der nicht weiß oder

[153] Münkler: Imperien, S. 17.

nicht wissen will, dass seine Stimme nicht mehr gehört wird[154], oder es existiert nur noch in den Köpfen und in den Reden der Untertanen, die wie die Hobbits nicht aufhören wollen, den Namen des Königs im Munde zu führen, obwohl es seit tausend Jahren keinen mehr gibt.

Was die Herrschaftsform in einem Reich angeht, so ist für dieselbe nur erforderlich, dass sie als aus einem Zentrum kommend und mit *einer* Stimme sprechend vorgestellt wird, und dass diese Stimme zwar vielleicht zum *Wohle* aller Untertanen, nicht aber in deren *Namen* spricht. Auch hier lassen sich Grenzfälle vorstellen: Die Herrschaftsausübung kann gegen Null gehen, das Zentrum kann mobil sein. Dann haben wir das „natürliche Reich" Tom Bombadils vor uns, der in seinem ‚Reich' umherwandert, um nach dem Rechten zu sehen; der mit seiner Stimme nicht gebietet, sondern singt; der kommt, wenn er gerufen wird; und der alle Mächte gelten lässt.

Obwohl das Wort ‚Reich', als politisches Gebilde genommen, gewiss nichts mit Demokratie zu tun hat, klingt es im Grunde gut in unseren Ohren. An den positiven Konnotationen hat noch nicht einmal das *Dritte Reich*, als das sich der totalitäre Staat der Nationalsozialisten ausgegeben hat, viel ändern können. Unsere Reichsidee speist sich eher aus den Märchen mit seinen Königen, die über ein Reich gebieten, in dem so alles Mögliche vor sich geht; vielleicht kommt uns das Reich der Tiere und der Pflanzen in den Sinn, das die vielfältigsten Formen unter sich vereinigt; wir stellen uns das kommende Himmelreich vor, in dem wir alle glückselig werden; wir denken an das Reich der Träume, dessen Herrscher wir nicht kennen und in dem sich jederzeit die wundersamsten Dinge ereignen können; und wir sprechen vom Reich der Phantasie, in dem wir selbst uns als die unumschränkten Herrscher sehen.

Königtum. Der *Herr der Ringe* endet damit, dass ein altes Reich neu aufgerichtet wird – das wiedervereinigte Königreich der Menschen, das unter einem guten Herrscher einer neuen Blütezeit entgegensieht, während sich die

[154] In diesem Sinne kann das Reich, weil es ein ideelles Gebilde ist, seinen eigenen Untergang überleben. Ein Reich ist etwas, dessen Einheit lediglich auf dem Papier stehen kann. In dieser Weise war das Weströmische Reich am Ende ein „ironischer Diskurs", eine „dissimulationsrhetorische Inszenierung". Wenn etwa die sich im Reichsgebiet einrichtenden Barbaren für Gastfreunde (*hospes*) erklärt werden, ist ein Imperium nur noch „Phantom einer Gegenwart" (Siegert: Der Untergang des römischen Reiches, S. 498).

Elben, deren Reiche der Vergangenheit angehören, endgültig aus Mittelerde verabschieden. Der Titel des Königs ist hienieden das Paradigma für die rechtmäßige Herrschaft über ein Reich, das wirklich regiert wird und insofern mehr als nur eine Idee ist. Dass der König wirklich der König ist, erkennt man an seinem königlichen Blut. Wirkliche Monarchien sind Erbmonarchien. So auch im *Herrn der Ringe* (und überhaupt in ‚Tolkiens Welt'). Aragorn ist Arathorns Sohn und steht in einer langen genealogischen Reihe, die nun mit der „Rückkehr des Königs" wieder ihren Platz auf dem Thron einnimmt, der über viele Generationen von den Truchsessen stellvertretend verwaltet worden war.

Dass aber der König wirklich der König ist, dafür bedarf es in diesem Falle eines zusätzlichen Beweises. Er wird in dem Kapitel „Die Häuser der Heilung" angetreten, in dem ein „altes Weib" von „alten Schriften" erzählt, in denen der Satz stünde: „*Die Hände des Königs sind Hände eines Heilers*." Sie fügt hinzu: „Und so konnte der rechtmäßige König immer erkannt werden." (HdR III, 176) Das Königtum wird also mit einer über das menschliche Maß hinausgehenden Macht ausgestattet. Diese sich in einer besonderen Heilkraft äußernde Macht ist aber nicht als eine Magie zu verstehen, über die der König *gebietet*, sondern als etwas, das ihm kraft einer höheren Macht *zukommt*. Tolkien macht hier eine Anleihe an die mittelalterliche Vorstellung vor allem in England und Frankreich, dass sich die *Heiligkeit* der Könige unter anderem im „Königswunder der Heilung der Skrofeln" zeige.[155]

Im christlichen Mittelalter bezeugt diese Heiligkeit, dass es sich um ein Königtum *von Gottes Gnaden* handelt. Diese unverfügbare Referenz als letzter Legitimationsgrund muss im *Herrn der Ringe*, wo es aufgrund des strukturellen Transzendenzmangels keine entsprechende politische Theologie gibt, durch andere Maßnahmen ersetzt werden. Wie ein veritabler Heilkundiger kümmert sich Aragorn um Merry, Faramir und Éowyn, deren Wunden der Feind geschlagen hat. Er verbündet sich – wie die Elben – mit den Kräften der Natur, die in Gestalt der zu Tee aufgebrühten sechs Blätter „Königskraut"

[155] Kantorowicz: Die zwei Körper des Königs. Eine Studie zur politischen Theologie des Mittelalters, S. 260. Vgl. ausführlich Bloch: Die wundertätigen Könige; und zum Problemkontext Engels: Das „Wesen" der Monarchie? Kritische Anmerkungen zum „Sakralkönigtum" in der Geschichtswissenschaft.

(*athelas*) ihre Wirkung entfalten. Ob dies nun daran liegt, dass Aragorn „wirklich irgendeine vergessene Kraft von Westernis" (HdR III, 186) besitzt, wird wohlweislich offengelassen.[156]

Es ist symptomatisch, dass *Der Herr der Ringe* mit der Restitution eines Königtums endet. Es geht *nicht* um eine neu zu errichtende Institution und um die Gründung eines Herrscherhauses – denn von welcher Instanz könnte dieser Gründer auch eingesetzt werden? Auch in diesem Sinne fängt die *Fantasy*-Welt nicht mit einem Anfang an. So, wie sie nachträglich gegenüber der Kosmogonie ist, die in ihr gilt, so setzt sie auch die Herrscherlinie voraus, die in ihr auf den Thron gelangt. Und nur wenn der Thron schon da ist, bleibt der Anschluss an die Vergangenheit gewahrt, die dieser Welt ihren Resonanzboden verleiht. Da gleichwohl der Sieg des Guten an ihrem Ende stehen muss (wenn es denn ein Ende geben soll), schließt der Roman folgerichtig mit einer Rückkehr.

Für die Beobachter (und für die Erzähler) ist klar: Alle Reiche dieser Welt werden untergehen, und allen Dynastien ist das Schicksal der Dekadenz und der Degeneration beschieden. Genau dieses Narrativ entfaltet Tolkien im Schnelldurchlauf im *Akâllabeth*, jenem Teil des *Silmarillion,* der sich mit dem Untergang von Númenór beschäftigt. Die Númenórer, von denen Aragorn abstammt, sind die erste Dynastie der Menschenkönige. Exklusiv für sie schufen die Valar am Ende des Ersten Zeitalters (nach der Vertreibung von Morgoth) die Insel Andor (Númenór). Dem ‚natürlichen' Ausdehnungsdrang von Reichen wird auf diese Weise eine natürliche Schranke gesetzt (die sich jedoch in der Folge als unzureichend erweist, da die Númenórer zu Seefahrern und Kolonisten werden). Zum ersten König ernennen die Valar dem Bericht zufolge Elros, der als Halb-Elbe das Los der Sterblichen gewählt hatte: Dynastien sind ein Spezifikum der Sterblichen, auf die Elben ist die Idee der Erbfolge nur begrenzt anwendbar.

[156] In einer brieflichen Äußerung zum Untergang von Númenór hat Tolkien erklärt: „Auch gab es, als es mit den ‚Königen' zu Ende ging, nichts, was einem ‚Priestertum' gleichgekommen wäre: beides war nach den Auffassungen der Númenórer identisch." (Tolkien: Briefe, S. 272; Nr. 156) Das heißt im Umkehrschluss, dass mit der Rückkehr des Königs auch das Priestertum (als mit ihm identisch) zurückkehren muss.

Die Geschichte der Nachfolger von Elros ist ab einem bestimmten Zeitpunkt eine Verfallsgeschichte. Über die Regentschaft des dreizehnten Königs Tar-Atanamir heißt es: „Mehr als zweitausend Jahre hatte das Reich der Númenórer zu seiner Zeit bestanden, und der Zenit seines Glückes war erreicht, aber noch nicht seiner Macht." (Sil 292) Unter seinem Sohn Tar-Ancalimon kommt es zu einer ersten Spaltung (der Absonderung der „Getreuen"). Die Opfergaben an Eru (einer der wenigen Hinweise auf religiöse Kulte bei Tolkien[157]) werden vernachlässigt. Der neunzehnte König verbietet die Elbensprachen in seiner Gegenwart. Weitere Repressalien gibt es unter dem zweiundzwanzigsten König Ar-Gimilzôr, der seine Frau nicht liebt und dessen Söhne sich entzweien. Der nächste König, Tar-Palantir, versucht zwar eine Erneuerung, stirbt aber, „der Sorgen müd" (Sil 296), ohne Sohn. Als seine Tochter nun von einem nahen Verwandten, Ar-Pharazôn, zur Ehe gezwungen wird, gesellt sich noch – wie könnte es anders sein? – Inzest zum allgemeinen Niedergang. Er ist der letzte der Könige Númenórs, und von allen ist er „am mächtigsten und am stolzesten" (Sil 297).
Es gibt, was Reiche betrifft, grundsätzlich zwei Arten des Verfalls: Der Niedergang kann entweder im Schwinden der oder im Überhandnehmen der Macht bestehen. Der zweite Fall ist der Mythologische. In ihm, der in Númenór eintritt, verwandelt sich das Königtum allmählich in das Reich des Bösen. Um dies vor Augen zu führen, lässt Tolkien den letzten König, Ar-Pharazôn unter den Einfluss von Sauron geraten, der inzwischen in Mittelerde erstarkt ist und zunächst nach Númenór bestellt worden war, um dem König Gefolgschaft zu schwören. Nachdem sich Sauron vor Ar-Pharazôn gedemütigt hat, schmeichelt er sich bei ihm ein und wird „binnen drei Jahren zum engsten Vertrauten unter des Königs geheimen Räten" (Sil 298). Dann nimmt das Unheil seinen Lauf. Der König huldigt nach theologischer Expertise Saurons dem Fürsten der Dunkelheit; lässt den Weißen Baum fällen; gebietet den Bau eines Götzentempels, in dem dann „mit Blutvergießen, Martern und großer Verruchtheit" (Sil 301) Menschenopfer dargebracht werden: „So wurde Ar-Pharazôn, der König des Sternenlandes, zum mächtigsten Ty-

[157] In einem Brief hat Tolkien dazu ausgeführt, die „Númenórer" hätten etwas „Großes, Neues und Gutes begonnen, und zwar als Monotheisten" (Tolkien: Briefe: S. 270; Nr. 155). In diesem Sinne wird das Königtum an *eine* unverfügbare Referenz gebunden.

rannen, den die Welt seit der Herrschaft Morgoths gekannt hatte, doch in Wahrheit stand Sauron hinter dem Thron und beherrschte alles" (Sil 301), heißt es zusammenfassend.

Man mag dieses Narrativ für eine recht schematische Kombination von Verfalls- und Hybrismotiv halten, bei der verschiedene Gemeinplätze über das Reich der Babylonier und der Azteken Pate gestanden haben. Das ändert aber nicht daran, dass es sich in seiner gedrängten, chronikartigen Form um eine Betrachtung darüber handelt, welche Logik irdischen Reichen zugrunde liegt und welcher Status ihnen zukommt. Eine solche Betrachtung sollte man nicht bloß deswegen als überkommen ansehen, weil wir in Staaten leben: Die Phantasie des Menschen (und der Traum) denkt in der Kategorie des Reiches und nicht des Staates. Für eine solche Betrachtung bietet sich die Situierung des Problems in einer Anderswelt, einer phantastischen Sekundärwelt an, in der die *Sterblichkeit* als Grundproblem der dynastischen Ordnung demonstriert werden kann.

Jeder Übergang von einem Herrscher zu seinem Nachfolger ist in einer Erbmonarchie trivialerweise ein kritischer Moment. Nicht jeder König weiß kraft seiner Geburt, was es heißt, in einer genealogischen Ordnung zu stehen. In dem Moment aber, in dem er sich nicht mehr innerhalb dieser genealogischen Ordnung situiert, begehrt er gegen das genealogische Prinzip selbst auf.[158] Damit kappt er nicht nur den Bezug zu seinem dynastischen Erbe, sondern er kann sein Reich auch selbst nicht mehr an einen Nachkommen weitergeben. Er negiert sich als Sohn und als Vater. Auf dem Weg zum Reich des Bösen ist dasjenige Königtum, dessen Herrscher keinen Thronfolger mehr einzusetzen, keinen Thronfolger mehr zu entwerfen vermag, weil er die Macht nicht mehr *übergeben* kann. Bei Ar-Pharazôn ist von einem Thronfolger nicht mehr die Rede. Statt dessen hat er Angst vor dem Tod: „Aber die Jahre gingen hin, und der König fühlte den Schatten des Todes nahen, als seine Tage länger wurden; und er war voller Angst und Wut. Nun kam die Stunde, die Sauron vorbereitet und lange erwartet hatte." (Sil 301f.)

Am Beginn der Dynastie steht jemand, der dadurch, dass er das Los der Sterblichkeit gewählt hat, als König *eingesetzt* werden konnte. Er begründet

[158] Vgl. zum Begriff des „genealogischen Prinzips" Legendre: Das Verbrechen des Gefreiten Lortie. Abhandlung über den Vater, S. 105ff.

zugleich das genealogische Prinzip menschlicher Herrschaft als eines Königtums ‚von Gottes Gnaden'. An ihrem Ende steht jemand, der die Sterblichkeit nicht akzeptieren kann. Er vernichtet das genealogische Prinzip. Sauron überredet den König, gen Westen zu segeln, wo sich die Valar des „Landes, wo kein Tod ist, bemächtigt haben", denn: „Große Könige aber lassen sich nichts verweigern und nehmen sich, was ihnen zukommt." (Sil 302) Das geht nicht gut aus. Der von den Valar angerufene Schöpfergott interveniert. Das Königreich Númenór wird vom Meer verschlungen.

Das Reich des Bösen. Númenór verwandelt sich, wie im *Silmarillion* berichtet wird, allmählich in ein böses Reich, aber es wird nicht zum Reich des Bösen. Das Reich des Bösen ist etwas anderes. Es ist etwas, das einerseits ohne Ende ist und andererseits unmöglich Bestand haben kann. Dies gilt es genauer zu erläutern.

Zunächst ist nach der *Gestalt* des Bösen zu fragen. In Tolkiens Kosmogonie und Mythologie tritt das Böse in den verschiedenen Zeitaltern in deutlich unterschiedenen Gestalten auf. Melkor ist „der unvermeidliche Rebell und Selbstanbeter der Mythologien"[159], der gefallene Engel mit Widerspruchsgeist, der eigensinnige Aufrührer. Nach seiner ersten Niederlage und langen Ankettung wandelt sich sein Charakter zu Morgoth, der sich dauerhaft in seiner Festung Angband verschanzt und Böses züchtet, bis er am Ende des Ersten Zeitalters nach seinen schandbaren Zerstörungswerken endgültig besiegt und in die Äußere Leere verbannt wird. Morgoth repräsentiert das Böse nicht im Aggregatzustand der Reichsbildung. Die *Stabilität* des Bösen hat er nicht im Sinn. Dies ist seinem ursprünglichen Vasall Sauron vorbehalten.

Saurons Rolle in Númenór ist paradigmatisch. Es ist die des falschen Ratgebers, des Hinterlistigen, der sich vor dem Herrscher demütigt. Er ist also das Böse unter einer Maske, das Böse, das sich nicht zu erkennen gibt. Auch die Elben hatten anfangs Umgang mit ihm und profitierten gerne von seinen Fähigkeiten und Fertigkeiten, da er sich die längste Zeit ein „edles und schönes Ansehen zu geben" (Sil 313) vermochte. Das Böse unter einer Maske kann aber – vom Reichsgedanken her – nur das Böse in einem vorläufigen Zustand sein – nämlich das Böse, das zwar mächtig ist als Einflüsterer (als Schlange),

[159] Tolkien: Briefe, S. 341 (Nr. 200).

das aber noch nicht die Macht *ergriffen* hat (was, wenn man so will, der *männliche* Aggregatzustand der Macht wäre). In diesem Zwischenstadium heißt es von Sauron: „Immer noch konnte er eine Maske tragen, um die Augen der Menschen zu täuschen und weise und edel zu erscheinen, wenn er dies wollte. Doch lieber herrschte er mit Schrecken und Gewalt, wo sie ihm zu Gebote standen.“ (Sil 317)

Nach seiner eigenen Einschätzung beschäftigt sich Tolkien in seiner „Geschichte“ nicht mit dem „absolut Bösen“ („Ich denke, so etwas gibt es nicht, denn es ist Null“).[160] Immerhin aber nennt er Sauron „die größtmögliche Annäherung an das vollkommen Böse“.[161] Diese Annäherung besteht darin, dass es ein Reich des Bösen geben soll, das neben allem anderen auch blasphemisch ist, weil Saurons Begehren dahin geht, „ein Gottkönig zu sein“ und insoweit das Reich Gottes nachzuäffen. Tatsächlich geht es dem Zweitschöpfer Tolkien zufolge im *Herrn der Ringe* „um Gott und Sein alleiniges Anrecht auf göttliche Ehre“.[162] Da Gottes Reich nicht von dieser Welt ist, bleibt hienieden nur das Reich des Bösen als drohendes Anschauungsbeispiel für die Totalisierung von Macht übrig. Die Totalisierung bezieht sich dabei nicht nur auf die unumschränkte Macht jenseits jeglicher Legitimation, sondern auch darauf, dass das Reich des Bösen nicht mehr als dynastisches Reich zu denken ist, denn dank der Unsterblichkeit seines Herrschers gibt es das Problem des Thronfolgers nicht mehr. Indem sich Saurons Reich freilich in dieser Weise dem vollkommenen Bösen nähert, nähert es sich dem, was es auch innerhalb der Sekundärwelt nicht geben kann. Es tendiert, mit anderen Worten, zwangsläufig zu einer *Allegorie* des Bösen.

Nach dem Untergang von Númenór ist Sauron zunächst „ent-leibt“.[163] Zwar kann er sich nach einiger Zeit wieder eine neue körperliche Hülle geben, aber seiner „freundlichen Erscheinung“ ist er „für immer ledig“ (Sil 321). Die

[160] Tolkien: Briefe, S. 320 (Nr. 183). Es handelt sich nicht um einen Brief, sondern um Anmerkungen, die Tolkien eher zur Selbstvergewisserung anlässlich einer Besprechung des letzten Teils seiner Trilogie durch W.H. Auden verfasst hat). Die Annahme eines absolut Bösen hätte Tolkien freilich in die Nähe der ‚Irrlehre‘ des Manichäismus gebracht; vgl. dazu Davison: Tolkien and the Nature of Evil, S. 100ff.

[161] Tolkien: Briefe, S. 320 (Nr. 183).

[162] Tolkien: Briefe, S. 320f. (Nr. 183).

[163] Tolkien: Briefe, S. 340 (Nr. 200).

phantasmatische *Allmacht*, die mit der Bildung eines Reichs des Bösen einhergeht, wird strukturell an das *Unvermögen* gekoppelt, den schönen Schein zu wahren. Einem verbreiteten Topos folgend zieht sich das Böse unter solchen Umständen zurück. Morgoth wie Sauron ‚brüten' im Dunkeln, sei es in Angband oder in Mordor. Das Böse, das nicht mehr inkognito durch die Welt wandern kann, ist in einem wesentlichen Sinne an einen Ort gebunden, der sowohl als Versteck dient wie als Operationsbasis. Dem Bösen ohne Maske eignet notwendigerweise eine gewisse Immobilität. Es lässt sich *lokalisieren*. Es ist, wenn man so will, ein Sklave der Reichsidee.

Dem entspricht, dass das Böse seine Geschöpfe *aussendet*, dass sich seine Gestalt im *Herrn der Ringe* völlig verdunkelt hat und an die Stelle eines Körpers ein emblematisches Organ getreten ist, das lidlose Auge. Die Haupthandlung kommt im *Herrn der Ringe* in Gang, weil die von Sauron ausgesendeten Schwarzen Reiter im Auenland auftauchen. Folgerichtig ist, dass auch diese Reiter, die Nazgûl, das Schicksal ihres Herrn teilen, sich kein annehmliches Äußeres geben zu können. Zwar ist im *Herrn der Ringe* häufiger auch von Spionen der dunklen Macht die Rede, aber an keiner Stelle taucht ein Geschöpf Saurons auf, das die Macht hätte, als etwas anderes zu scheinen als es ist. Ihre Herkunft aus dem *Reich* des Bösen ist diesen Geschöpfen letztlich anzumerken (für andere, zum Bösen *konvertierte* Figuren wie Schlangenzunge und vor allem Saruman gilt dies nicht).

Schon hieran wird deutlich, wie sehr die Verhältnisse in Mittelerde hinsichtlich der ‚Reichseigenschaft' asymmetrisch strukturiert sind. Im *Herrn der Ringe* gibt es neben dem Reich des Bösen kein anderes Reich. Mordor ist als Land mit natürlichen Grenzen konstruiert (von drei Seiten von Gebirgen umschlossen und nur zu einem sagenhaften Osten hin geöffnet), das im Prinzip nicht betreten, aber verlassen werden kann. Die anderen Mächte in Mittelerde (Auenland, Lórien, Rohan, Minas Tirith, aber auch Fangorn) sind eher Inseln innerhalb einer weiten Topographie, die von niemandem kontrolliert wird und insofern ein Niemandsland darstellt (in dem verschiedene Wesen und Unwesen ihr Wesen treiben mögen). Daher gibt es im Ringkrieg auch keine Bündnisse zwischen Reichen, sondern nur Bündnisse gegen das Böse, das ein Reich ist. Erst nach dem Sturz des Bösen gibt es mit der Rückkehr des Königs ein *anderes* Reich.

Für das Verständnis des Reichs des Bösen ist entscheidend, dass es keine Innenansichten davon gibt. Die Erzählung gewährt nur eine Außenperspektive auf dieses Reich und sein Funktionieren. Die Perspektive des Bösen soll nicht eingenommen werden können. Und man kann nur Vermutungen darüber anstellen, was mit Gollum, dem einzigen in Frage kommenden Zeugen, in den Verliesen von Mordor angestellt worden ist. Er selber spricht nicht darüber. Man soll aber annehmen, dass die schlimmsten Phantasien dort Wirklichkeit werden. Dass er überhaupt dort gewesen ist, macht ihn zu einer erratischen, unzugänglichen Figur.

Die Erzählung ist im *Herrn der Ringe* durchgehend auf diejenigen fokalisiert[164], die keine Macht haben und keinen Machtanspruch hegen (sondern im Gegenteil möglicherweise einer Macht ausgesetzt sind). Noch am Schicksalsberg bewährt sich diese Regel, wenn der Sinneswandel Frodos, der den Ring nun scheinbar unvermittelt als sein Eigen proklamiert, von außen aus der Sicht Sams geschildert wird. Einzig und allein in diesem Moment, in dem Frodo im „Herzen des Reichs" (HdR III, 295) den Ring ansteckt, wird uns durch den nullfokalisierten Erzähler auch eine Innenansicht Saurons zuteil: „und die Größe seiner eigenen Torheit wurde ihm in einem blendenden Blitz enthüllt, und alle Pläne seiner Feinde wurden endlich offenbar. Da loderte sein Zorn in einer verzehrenden Flamme auf, aber seine Angst stieg empor wie ein gewaltiger schwarzer Rauch, um ihn zu ersticken." (HdR III, 295) In den Machthaber dürfen wir uns nur im Augenblick seiner Entmachtung versetzen.

Aber auch davon abgesehen funktioniert diese Erzählung nur, weil wir nicht wissen, wie das Reich des Bösen funktioniert. Es bleibt uns auf eine ganz andere Weise verschlossen als das wunderbare Wirken der Elben. Wir können zwar konstatieren, dass es auf der Basis von Befehlen funktioniert, die unmittelbar auf den Willen Einfluss nehmen, ohne überhaupt einer sprachlichen Form zu bedürfen. Aber wie kann auf dieser Grundlage ein Reich erstehen? Und wie kann ein Reich *Bestand* haben, das allein auf Zerstörung gründet,

[164] Der Begriff der Fokalisierung wird in der neueren Erzähltheorie verwendet, um die Frage nach der Perspektive von ihren visuellen Konnotationen abzulösen und eher mit den Modalitäten der Informationsvergabe in Zusammenhang zu bringen. Ein nullfokalisierter Erzähler z.B. *weiß* mehr als die Figuren, von denen er erzählt.

das alles Lebendige vergiftet und sogar die Berge martert? Der Text bleibt, was solche Fragen betrifft, sehr vage. Wir werden auf die weiten, ausgebeuteten Lande im Osten und im Süden verwiesen, deren versklavte Bewohner für die notwendigen Subsistenzmittel sorgen müssen usw. Aber diese Hinweise fruchten wenig angesichts der phantastischen Panoramen der Zerstörung, die vor unseren Augen ausgebreitet werden. Mit ihnen soll uns nicht zuletzt ‚das Industrielle' bedeutet werden, das dem Reich des Bösen als ein wesentliches Merkmal beigelegt wird. Die industrielle Herstellung ist mit der Magie gleichzusetzen, die ihre Wirkung unmittelbar hervorzubringen gedenkt. Sie ist, im Gegensatz zur elbischen Kunstfertigkeit, dadurch definiert, nicht die Zeit zu haben, etwas wachsen zu lassen.

Orks. Dem entspricht die Population im Reich des Bösen. Über die unterjochten, versklavten und verführten Völker des Südens und Ostens gibt es im *Herrn der Ringe* ebenfalls nur sehr spärliche Informationen. Prominent hingegen sind die Orks. Sie sind das Böse zum Anfassen. Über ihre Herkunft bzw. Entstehung hat Tolkien selbst im Lauf der Zeit verschiedene Mutmaßungen geäußert.[165] Die Alternative „Züchtung oder Degeneration"[166] erübrigt sich allerdings angesichts des Umstandes, dass sie im *Herrn der Ringe* jedenfalls wie am Fließband zu entstehen scheinen.[167] Auch die dogmatisch begründete Unschlüssigkeit von Tolkien selbst ist eher als Symptom dafür zu betrachten, dass die Orks gewissermaßen nur auf der rhetorischen Ebene in ‚Tolkiens Welt' passen. Zwar kommen in fiktionalen Welten alle möglichen Dinge nicht vor, aber sie müssen gerade in einer *Fantasy*-Welt nach den in dieser Welt herrschenden Gesetzen ergänzt werden können (und Tolkien selbst war in seinen Aufzeichnungen und Briefen unermüdlich damit beschäftigt, solche hypothetischen Ergänzungen vorzunehmen, um seine Welt als konsistent zu erweisen). Vor diesem Hintergrund macht etwa die Feststellung Sinn, dass man sich schlechterdings nicht vorstellen kann, dass die Orks Frauen haben, dass sie mit ihnen Kinder zeugen, die sie dann aufziehen usw.

---

[165] Vgl. ausführlich und mit zahlreichen Belegstellen Schneidewind: Mein Mittelerde, S. 29ff.

[166] Schneidewind: Mein Mittelerde, S. 29. Die besondere Ork-Rasse der Uruk-hai ist im übrigen in jedem Fall ein Züchtungsergebnis.

[167] In der Verfilmung von Peter Jackson wird ja die Herstellung der Uruk-hai drastisch gezeigt.

So etwas mag im *Silmarillion* als möglich gedacht werden, im *Reich des Bösen* geschieht es nicht.

Das Reich des Bösen, muss man sich, wenn man es sich als funktionierend denken will, als restlos terroristischen Staat vorstellen, der alle Lebensbereiche erfasst. Der einzige Sprechakt, den Sauron in seinem Repertoire haben muss, ist der Befehl. Unbedarfte Stimmen sind der Auffassung, dass es sich um ein gut organisiertes Staatswesen handeln muss.[168] Es fragt sich aber, wie ein Staatswesen beschaffen sein kann, in dem alles vom Befehl erfasst wird – und zwar von einem Befehl, der anscheinend nicht einmal ausgesprochen werden muss. In diesem Sinne werden die „Geschöpfe Saurons, Ork, Troll oder Tier", als „durch Zauber geknechtet" (HdR III, 299) bezeichnet. Daher hat die Gegenseite mit diesen ‚willenlosen' Geschöpfen, wenn sie mit ihnen zu tun bekommt, auch in etwa soviel Mitleid wie der Spieler in einem Ego-Shooter mit den feindlichen Wesen, die ihm ins Visier geraten.

Tatsächlich muss es aber gleichzeitig auch anders sein. In einem Reich des Bösen, das sich nicht lediglich als Allegorie präsentieren soll, muss es mehr geben als nur Befehle. Das muss sich dort zeigen, wo das Reich des Bösen mit seiner nichtallegorischen Umgebung in Kontakt kommt. Da erweist sich zunächst, dass die Orks der freien Rede durchaus mächtig sind. Tom Shippey, der sich besonders eingehend mit der Theologie des Bösen bei Tolkien beschäftigt hat und zu diesem Zweck die Auffassung des Neuplatonikers Boethius stark macht (nach der das Böse nichts positiv Seiendes ist, sondern nur eine Negation), möchte anhand der im Roman wiedergegebenen Gespräche der Orks beweisen, dass diese nicht ganz und gar böse sind. Von den insgesamt sechs Gesprächen zwischen Orks, deren Zeuge der Leser im *Herrn der Ringe* insgesamt werde, greift er die längere Unterhaltung zwischen Schagrat und Gorbag heraus, die Sam mit anhört, als Frodo von Kankra niedergestreckt worden ist. In dieser Unterhaltung meint Gorbag, der aufgefundene „kleine[ ] Kerl" – gemeint ist Frodo –, habe „mit dem wirklichen Unheil [*real mischief*] vielleicht gar nichts zu tun. Der große Kerl mit dem scharfen Schwert scheint sowieso geglaubt zu haben, daß er nicht viel wert ist – hat ihn da einfach liegen gelassen [*just left him lying*] – regelrechte Elben-List [*regular Elvish trick*]" (HdR II, 463; LotR II, 967f.).

[168] Vgl. Gray: The Bureaucratization in *The Lord of the Rings*, S. 3.

Shippey befindet sich auf recht dünnem Eis, wenn er aus dieser Stelle schließen zu können glaubt, Gorbag sei hier überzeugt, „daß es gemein und nicht richtig ist, einen Kameraden im Stich zu lassen", und – verallgemeinert – dass Orks „eine klare Vorstellung, und zwar genau dieselbe wie wir" hätten, „welches Verhalten bewundernswert und welches verächtlich ist"; deswegen bezeugten „die Orks ganz eindeutig die Auffassung des Boethius: das Böse ist nur ein Abwesendes, ein Schatten des Guten".[169] Geht man auf Shippeys Argumentationsebene ein, so muss man zunächst feststellen, dass er Gorbags Missbilligung des Verhaltens, seinen Kameraden im Stich zu lassen, in dessen Worte eher hineininterpretiert. Zumindest muss man sagen, dass Tolkien, hätte er an dieser Stelle darauf hinweisen wollen, dass Orks über dasselbe moralische Gesetz verfügen wie wir (nur eben leider, ohne dass es „Einfluß auf ihr wirkliches Verhalten"[170] hat), dies sehr leicht deutlicher hätte zum Ausdruck bringen können. Im Gegenteil ist die eindeutige Gesamtbotschaft dieser von Sam belauschten Kommunikation nur einmal mehr diejenige einer *Verrohung* – so erhebt derselbe Gorbag unmittelbar darauf Anspruch auf den „kleinen Kerl": „Wenn's irgendeinen Spaß gibt, müssen ich und meine Jungs dabeisein" (HdR II, 463).

Die Orks sprechen im *Herrn der Ringe* so, wie rohe, gewissenlose Gesellen in literarischen Texten häufig sprechen. Dass das moralische Gesetz gleichwohl in solchen Gesellen wohnt, ist eine Projektion bzw. ein Effekt dessen, dass sie überhaupt sprechen. Die Projektion mag dort, wo es sich um menschliche Figuren in ‚realistischen' Romanen handelt, statthaft sein (insofern zum Beispiel die Möglichkeit ihrer moralischen ‚Errettung' mitgedacht wird). In einer literarischen Anderswelt ist sie höchst problematisch (zumal in ihr kein Fall eines moralisch ‚erretteten' Ork überliefert ist). Sie ist aber gleichwohl *möglich*. Shippey verkennt die Ebene, auf der in diesem Fall argumentiert werden muss. Der entscheidende Punkt ist, dass Orks, wenn sie als handelnde Figuren mit Gelüsten und Befürchtungen usw. in Interaktion gezeigt werden, in der gleichen Weise als (freie) *Subjekte* aufgefasst werden wie andere literarische Figuren auch.[171] Sie erweisen sich in ihrem Interaktionsrahmen als ganz

[169] Shippey: J.R.R. Tolkien. Autor des Jahrhunderts, S. 180f.

[170] Shippey: J.R.R. Tolkien. Autor des Jahrhunderts, S. 180.

[171] Vgl. auch Bullock: The Importance of Free Will in *The Lord of the Rings*, insbes. S. 29.

gewöhnliche Bösewichter mit einer hohen Gewaltbereitschaft, die bestimmter, halbritueller Entladungen etwa durch das Quälen eines Opfers bedarf, um den Fortbestand der Gemeinschaft nicht zu gefährden.[172] Von einem durch Zauber ferngelenkten Willen findet sich keine Spur. Im Gegenteil sprechen die Orks über die Befehlszentrale wie über etwas, dem man zwar, wenn man bei Verstand ist, besser gehorchen sollte, dem man aber zuwiderzuhandeln sich durchaus vorstellen kann.[173] Entsprechend hat man sich sogar dazu verstiegen, die „Insubordination" unter den Orks für „an der Tagesordnung" zu halten.[174]

Daraus könnte man dann – ‚realistisch betrachtet' – den verfehlten Schluss ziehen, dass Sauron allerdings gut organisiert sein muss, wenn er mit Hilfe solcher Gesellen regieren will[175], und daran die unbedachte Frage anschließen: „Braucht es eine harte Staatsform, um die wilden Orks zu kontrollieren, oder verhalten sich die Orks so, weil sie unter einer solch harten Herrschaft leben?"[176] Derartige Überlegungen sind ein symptomatisches Missverständnis, weil sie verkennen, dass das Reich des Bösen zum Allegorischen tendieren muss und daher innerhalb der Zweitschöpfung „über ein gewisses Maß an Konsistenz und Schlüssigkeit"[177] nicht hinauskommt. Tatsächlich lässt sich ja nicht leugnen, dass alle vier Hobbits nicht überlebt hätten, wenn die Orks, in deren Gewalt sie waren, sich nicht – vernunft- und befehlswidrig – gegenseitig aus dem Wege geräumt hätten. In seiner Schrift *Zum Ewigen Frieden* hat Immanuel Kant, das „Problem der Staatserrichtung [...] selbst für ein Volk von Teufeln (wenn sie nur Verstand haben)" für auflösbar gehalten – und zwar so: „Eine Menge von vernünftigen Wesen, die insgesamt allgemeine Gesetze für ihre Erhaltung verlangen, deren jedes aber in Geheim sich davon auszunehmen geneigt ist, so zu ordnen und ihre Verfassung einzurichten,

---

[172] Pointiert gesagt, zeigen die Orks in übersteigerter Weise die Form mimetischer Eskalation, die René Girard zufolge für menschliche Gewalttätigkeiten charakteristisch ist; vgl. etwa Girard: Das Heilige und die Gewalt.

[173] „[...] ich habe meine Befehle. Es würde mich Kopf und Kragen kosten, ihnen zuwiderzuhandeln" (HdR II, 463).

[174] Petzold: J.R.R. Tolkien. Leben und Werk, S. 69.

[175] So Gray: The Bureaucratization in *The Lord of the Rings*, S. 3.

[176] Bergh: Mittelerde und das 21. Jahrhundert, S. 97.

[177] Bidlo: Sehnsucht mach Mittelerde, S. 33.

daß, obgleich sie in ihren Privatgesinnungen einander entgegen streben, diese einander doch so aufhalten, daß in ihrem öffentlichen Verhalten der Erfolg eben derselbe ist, als ob sie keine solche böse Gesinnungen hätten."[178] Man sieht: Wenn man mit einem Volk von Teufeln Staat machen will, kommt etwas ganz anderes dabei heraus als das Reich des Bösen.

In einem Brief beklagt sich Tolkien, manche Rezensenten hätten „die ganze Sache einfältig gefunden, bloß ein simpler Kampf zwischen Gut und Böse, wo die Guten alle bloß gut und die Bösen alle bloß böse sind."[179] Er wendet ein, dass die Guten – insbesondere die Elben – eben nicht bloß gut seien und verweist auf ihre dubiose Entscheidung, in Mittelerde zu bleiben, und ihren gleichzeitigen „nostalgischen Jammer".[180] Diese Bemerkung mag vor dem selbstgeschaffenen historisch-mythologischen Hintergrund plausibel sein, im *Herrn der Ringe* wird das Elegische der Elben aber keineswegs als etwas Ungutes eingeführt, sondern entfaltet im Gegenteil ein spezifisches Identifikationspotenzial, das für die Wirkungsweise von *Fantasy*-Literatur wesentlich ist. Vor allem aber bleibt Tolkien eine Erklärung darüber schuldig, inwiefern die Bösen nicht „bloß böse" sind. Bei allen brieflichen Äußerungen zu diesem Komplex bezieht er sich darauf, dass die Bösen nicht von Anfang an bloß böse gewesen seien, sondern dass sie es im Lauf der Zeit *geworden* sind. Im *Herrn der Ringe* ist dieses Endstadium aber erreicht.[181] Es bleibt dabei, dass das Böse, das hier entworfen wird, nicht nur nicht von dieser, sondern von keiner Welt ist. Das heißt, dass es zwischen dem Guten und dem Bösen nicht nur einen kategorialen Unterschied geben muss, sondern auch eine Asymmetrie, derzufolge das Reich des Bösen, wenn es mehr als allegorisch sein soll, vor allem als Phantasma erscheint, als ein Schreckbild.

---

[178] Kant: Werke. Bd. VI, S. 224.

[179] Tolkien: Briefe, S. 260 (Nr. 154).

[180] Tolkien: Briefe, S. 260 (Nr. 154).

[181] Sogar bei Saruman, der ja bis kurz vor Einsetzen der Handlung des *Herrn der Ringe* noch eine zweideutige Figur ist, ist die Verwandlung zum Bösen gewissermaßen abgeschlossen (auch er will ein Reich aufrichten, ohne eingesetzt worden zu sein). Und sie ist, wie der Schluss zeigt, auch irreversibel. Tolkien verzichtet gänzlich auf die verbreitete christliche Figur des reuigen Sünders bzw. Bösewichts, was zweifellos mit dem strukturellen Transzendenzmangel von *Fantasy*-Welten zusammenhängt.

Deswegen taugt das Reich des Bösen, wie es im *Herrn der Ringe* als allegorisches Schreckbild entworfen wird, auch nur sehr begrenzt zur Analyse bestehender Macht- und Herrschaftsstrukturen. Tolkien hat sich bekanntlich an verschiedenen Stellen gegen allegorische Deutungen im *Herrn der Ringe* verwahrt, obwohl er in einem Brief an seinen Sohn Christopher von 1944 sehr wohl konzediert, dass die „Romanze" (so nennt er den entstehenden *Herrn der Ringe* hier) „aus der ‚Allegorie' hervorgegangen" sei und sich die dort wütenden Kriege „noch immer vom ‚inneren Krieg' der Allegorie" herleiteten, „in dem das Gute auf der einen Seite steht und die verschiedenen Formen des Bösen auf der anderen".[182] In seinen ablehnenden Worten zur Allegorie weist er mehr als einmal darauf hin, dass sie nicht mit „Anwendbarkeit" (*applicability*) verwechselt werden dürfe.[183] Diese hält er grundsätzlich für gegeben, wenn ihm auch die Frage, „ob die Orks Kommunisten" seien, so „sinnvoll" vorkommt, „wie zu fragen, ob Kommunisten Orks sind".[184] Wie allgemein müssen aber die Abläufe im *Herrn der Ringe* aufgefasst werden, um auf Phänomene der ‚wirklichen Welt' anwendbar zu sein?

Auf der Ebene der Analytik der Macht springt eine Metaphysik der Macht dabei heraus – die Macht als etwas, das man *besitzen* kann. Das Reich des Bösen scheint diese Metaphysik der Macht in Form einer totalitären Herrschaft zu realisieren, für die es zur Abfassungszeit des *Herrn der Ringe* mehr als nur ein Anschauungsmaterial gab (auf die Idee, dass Orks Kommunisten sein könnten, muss man ja erst einmal kommen). Macht erscheint als etwas *Totalisierendes*, weil sie letztlich nur ihren eigenen Zuwachs will (und genießen kann). Unter diesen Voraussetzungen verschwindet der Unterschied zwischen Macht und Herrschaft. Das Reich des Bösen ist auch deshalb ein Reich, weil es keine Begrenzung anerkennen kann und sich immer weiter ausdehnen muss. Saurons Reich ist vor allem ein reiner Militärstaat, in dem alles auf Mobilisierung und Expansion abgestellt ist, die Orks sind nur Mittel zu diesem Zweck.

Was aber geschieht, wenn die Grenzen der äußeren Expansion erreicht sind? Dann könnte die weitere Machtexpansion nur noch *nach innen* stattfinden

[182] Tolkien: Briefe, S. 111 (Nr. 71).

[183] Tolkien: Briefe, S. 344 (Nr. 203), S. 390 (Nr. 215).

[184] Tolkien: Briefe, S. 344 (Nr. 203).

und sich auf die eigenen, versklavten Untertanen richten. Erst damit träte das Reich des Bösen wahrhaft in das Stadium des totalitären Staates. In der Logik der *Fantasy* ist das nicht vorgesehen. Es ist in etwa das Stadium, das Orwell in seiner Dystopie entwirft, deren Leitsatz „God ist power"[185] die Metaphysik der Macht in wünschenswerter Deutlichkeit ausspricht. Die analytische Durchdringung des Romans von Orwell ist bezüglich des *tatsächlichen* Funktionierens totalitärer Systeme ebenfalls denkbar gering, weil sie die Logik des Totalitären sozusagen totalisiert (schon erzählperspektivisch bleibt das Geschehen in der ‚inner party' in *1984* ebenso ein blinder Fleck wie die Figur Saurons im *Herrn der Ringe*).[186] Ein System, das auf einem beständigen Gereiztwerden des *nerve of power* basiert, hebt sich letztlich selbst auf, weil mit der Vervollkommnung der totalitären Herrschaft deren eigene Ressourcen angegriffen werden: Der *nerve of power* wird ja nur durch einen Widerstand gereizt. Insofern das Reich des Bösen nicht Wirklichkeit werden kann, lässt es sich auch nur sehr begrenzt zu analytischen Zwecken auf ‚die Wirklichkeit' anwenden. Freilich ist das nur ein geringer Trost. Auch wenn das Reich des Bösen untergehen muss, bleibt sein Schreckbild erhalten.

Was Tolkien im *Herrn der Ringe* präsentiert, ist gewissermaßen eine Analyse dieses *Schreckbilds*. Aber anders als in Orwells *1984*, in dem das Böse in Form eines totalitären Staates in die Zukunft verlegt wird, ist das Reich des Bösen hier in einer Vergangenheit angesiedelt. Insofern ist es auch ein vergangenes Schreckbild. Mit Ausgang des *Herrn der Ringe* ist es überwunden. Das Reich des Bösen hat es immer nur als Allegorie gegeben, aber die Zeiten der Allegorie sind vorüber. Unsere *Phantasie* und die *Fantasy*-Literatur werden freilich für alle Zeiten von ihm heimgesucht werden (nur den *Herrn der Ringe* allerdings kann man als Allegorie auf das Verschwinden der Allegorizität lesen).

---

[185] Orwell: Nineteen Eighty-Four, S. 387.

[186] Vgl. dazu Niehaus: Das Verhör. Geschichte – Theorie – Fiktion, S. 528ff.

7. Rat

Ratschläge. Was lässt sich der Macht entgegensetzen? Das kann nicht die Frage nach dem ‚Reich des Guten' sein. Das Gute lässt sich nur insofern als Einheit identifizieren, als es sich dem Bösen entgegenstellt. Mit der ‚Rückkehr des Königs' bricht daher nicht die Herrschaft des Guten an, sondern eine Herrschaft, die uns als vorerst gut *verheißen* wird (in der das Böse nicht mehr so ohne weiteres wird *lokalisiert* werden können). Das einzige Reich, was sich der Macht entgegensetzen ließe, wäre das ‚Reich' Tom Bombadils, das sich keiner Macht entgegenstellt. Auf einer anderen Ebene lässt sich diese Frage für den *Herrn der Ringe* jedoch durchaus beantworten – nämlich auf der Ebene der Kommunikation. Was sich der Macht entgegensetzen lässt, *ist* Kommunikation. Es gibt auch ein *Reich der Kommunikation.*

Die Ausübung von Macht wird im Reich der Kommunikation durch den Sprechakt des *Befehls* evident. Der Befehl kann dem Reich der Kommunikation allein durch die Unterstellung eines Konsenses über seine Legitimität einverleibt werden. Dem Befehl gegenüber steht der *Rat*. Thomas Hobbes begründet diese Gegenüberstellung im *Leviathan* damit, „daß ein Befehl auf den eigenen Vorteil gerichtet ist und der Rat auf den eines anderen".[187] Zumindest kann man sagen, dass es zur Logik des Ratgebens[188] gehört, dass er zum Wohle und zum Besten eines anderen gegeben wird,[189] dass er nicht ungefragt gegeben werden soll und dass es dem Beratenen frei steht, den Rat zu befolgen oder nicht: Der Rat soll jenseits der Ausübung von Macht sein.

Im *Herrn der Ringe* gibt es dem entsprechend eine klare Zuordnung dieser beiden Sprechakte: Auf der Seite der dunklen Macht steht der Befehl, auf der Seite derer, aus deren Perspektive erzählt wird, steht das Ratgeben. Es ist erstaunlich, bis zu welchem Grade in den erzählten Interaktionen im *Herrn der Ringe* Befehle vermieden werden, obgleich sie ja notwendig sind, um Handlungen zu koordinieren; es wird ihnen dann eher der Anstrich von Aufrufen, Anfeuerungen, Warnungen, notwendigen Schlussfolgerungen usw. verliehen.

---

[187] Hobbes: Leviathan, S. 196.

[188] Vgl. ausführlich Niehaus: Logik des Ratgebens.

[189] Vgl. nur lapidar John R. Searle: „Beraten bedeutet […], jemandem zu sagen, was das Beste für ihn ist" (Searle: Sprechakte. Ein sprachphilosophischer Essay, S. 105).

Das Thema des Ratgebens wird im *Herrn der Ringe* ausgesprochen komplex gehandhabt. Insbesondere wird der Tatsache Rechnung getragen, dass der Ratschlag, wenn er zum Beispiel von einer kundigen Autorität ausgesprochen wird, durchaus imperativische Züge annimmt. Die „Verwechslung von Rat und Befehl“ liegt Hobbes zufolge nicht zuletzt deshalb nahe, weil sprachlich gesehen „die Wörter *tu dies!* […] nicht nur die eines Befehlenden, sondern auch die eines Beraters und Mahners“ seien.[190] Insofern der Rat den Beratenen *beeinflusst*, ist auch er problematisch. Reflektiert wird dies in der Szene, in der es um die Frage geht, ob auch Frodo in Galadriels Spiegel schauen soll:

> „Ratet Ihr mir, hineinzuschauen?“ fragte Frodo.
> „Nein“, antwortete sie. „Ich rate dir weder das eine noch das andere. Ich bin kein Ratgeber. Du magst etwas lernen, und ob das, was du siehst, nun schön oder schlecht ist, es mag nützlich sein oder auch nicht. Sehen ist sowohl gut als auch gefährlich. Und dennoch glaube ich, Frodo, daß du genug Mut und Weisheit für das Wagnis hast, denn sonst hätte ich dich nicht hergebracht. Halte es, wie du willst.“ (HdR I, 497)

Eindeutig gibt Galadriel hier einen (von Frodo dann ja auch befolgten) Rat unter der Voraussetzung, *keinen* Ratschlag zu geben. Dessen Gewundenheit gipfelt in der Merkwürdigkeit, dass Galadriel aus ihrer eigenen Handlungsweise – nämlich dass sie Frodo an den Ort des Spiegels gebracht hatte – *schlussfolgert*, dass Frodo das wohl zu tun vermöge, wozu sie ihm nicht raten will.
Die Konstellation wird dadurch vertrackt, dass Galadriels Spiegel ja seinerseits als eine Art Ratgeber fungiert bzw. befragt wird, aber ebenfalls keinen wirklichen Rat gibt. Aktuell wird das, nachdem Sam Gamdschie die Zerstörungen im Auenland im Spiegel gesehen hat und sogleich zurück nach Hause will. Der Spiegel – eine der großartigsten Ideen Tolkiens – zeigt, wie Galadriel anschließend noch einmal erklärt, viele Dinge, „und nicht alle müssen schon geschehen sein. Manche werden niemals geschehen, es sei denn, daß jene, die die Bilder sehen, von ihrem Pfad abweichen, um sie zu verhindern.

[190] Hobbes: Leviathan, S. 196.

Der Spiegel ist gefährlich als Führer für Taten." (HdR I, 497) Man kann also, auf einer ersten Ebene, den Spiegel nur schlecht als Ratgeber dafür verwenden, was man tun, welchen Weg man einschlagen soll. Der Spiegel spricht nicht zu uns, er *zeigt* nur.[191] Und was er zeigt, sind Bilder, die sozusagen keine Legende haben, deren Status unklar ist – „Dinge, die waren, und Dinge, die sind, und Dinge die noch sein mögen" (HdR I, 495). Hinzu kommt, dass es – bis auf die Szenarien der Zerstörung, die Sam gezeigt bekommt – durchaus nicht ersichtlich ist, wie eine Reaktion auf die Bilder überhaupt aussehen könnte. Auf der zweiten Ebene wird durch Galadriels Kommentar explizit davon abgeraten, konkret auf die gezeigten Bilder zu reagieren. Die äußerst starke Behauptung, dass die Bilder zumindest dann wahr werden, wenn man dies zu verhindern versucht – eine ins Pädagogische gewendete Analogie zur fatalen Fehldeutbarkeit der Orakel[192] –, ruft Sam, der in einem ersten Impuls sofort zurück ins Auenland wollte, zur Raison.

Man könnte daher sagen, dass die Episode mit Galadriels Spiegel von der Handlungsabfolge her ein blindes Motiv ist: Das, was Sam und Frodo sehen, hat keine Folgen, es informiert nicht, es führt nicht weiter. Genau das ist das Großartige an dieser Episode. Sie demonstriert, dass das Telos einer Kommunikation, die von einer Frage um Rat ausgelöst wird, weniger in der Gabe des erbetenen Ratschlags besteht, als in der *Orientierung*, die mit ihm einhergeht. Zwar mag man einwenden, dass der vorenthaltene Ratschlag den Unberatenen in gewissem Sinne allein lässt, aber die Kommunikation hat gleichwohl auf eine irreduzible Weise zu seiner Orientierung, zur Strukturierung eines *Denkraumes* beigetragen.

Schon die erste Begegnung der Hobbits mit den Elben, als sie – noch im Auenland –, durch das Auftauchen der schwarzen Reiter ‚orientierungslos' geworden, auf eine Gruppe Hochelben unter der Führung Gildors treffen, gestaltet sich als eine Problematisierung des Ratgebens und als eine Hymne auf das problematisierte Ratgeben als Verhaltensmodell. Frodo fragt Gildor: „Was

[191] Vgl. Heraklit, Fragment 93: „Der Herr, dessen Orakel in Delphi ist, erklärt nicht, verbirgt nicht, sondern zeigt an." Siehe dazu auch Blanchot: Das Tier von Lascaux, S. 28ff. – mit Dank an Peter Risthaus.

[192] Das beste Beispiel ist hier natürlich der sophokleische Ödipus, der im Bemühen, die ihm geweissagte Ermordung des Vaters nebst Heirat der Mutter zu vermeiden, gerade die Bedingung für die Realisierung des Geweissagten schafft.

kann ich nun tun?“ (HdR I, 128) Gildor rät ihm zunächst, er solle an seinem „Plan festhalten“, also seine bisherige Orientierung nicht leichtfertig über Bord werfen und sich im übrigen an Gandalf wenden, „wenn er einen eindeutigeren Rat haben“ wolle (HdR I, 128). Als er von Gandalfs Ausbleiben hört, erklärt er: „Die Entscheidung liegt bei dir: zu gehen oder zu warten“. Frodo zitiert daraufhin eine Redensart: „Frage nie die Elben um Rat, denn sie werden sowohl Ja als auch Nein sagen.“ (HdR I, 128) Gildor kommentiert diesen Spruch mit den Worten: „Elben geben selten unvorsichtige Ratschläge, denn Ratschläge sind eine gefährliche Gabe, selbst von den Weisen an die Weisen, und alle Wege mögen in die Irre führen.“ (HdR I, 128f.) Das Problem liegt offenbar darin, dass den Worten der Elben (aufgrund ihrer Stellung in Mittelerde) tendenziell zu viel Gewicht beigemessen wird, sodass die Orientierungsfunktion des Gesprächs zu sehr in den Hintergrund rückt. Insofern wird der Rat nur widerwillig gegeben (was ein klassisches Indiz für seine Integrität ist). Gildor gibt im Anschluss „um der Freundschaft willen“ den Rat, das Auenland „ohne Säumen“ zu verlassen und „Freunde“ mitzunehmen, „die vertrauenswürdig und willig sind“. Er möchte, dass Frodo für diese Stellungnahme „dankbar“ ist, „denn ich gebe diesen Rat nicht gern“. (HdR I, 129) Freilich ist das, wozu Gildor hier rät, genau das, was Frodo gerade im Begriffe zu tun ist. Er rät ihm dazu, nicht von seinem Pfad abzuweichen.

Elronds Rat. Der Rat ist nicht nur ein Sprechakt, der wie hier in einer Kommunikation zwischen einem Ratsuchenden und Ratgeber vorkommt, er ist auch eine *Institution.* Als solche wird er anberaumt und bezeichnet die Mitglieder, die an ihm teilnehmen, um gemeinsam zu einem Ratschluss zu kommen. Auch dem Rat als Institution kommt im *Herrn der Ringe* modellhafte Bedeutung zu.[193] Nicht zufällig ist mit „Der Rat von Elrond“ wohl das konzeptionell wichtigste (und längste) Kapitel der Trilogie betitelt.[194] Abgesandte aller freien Völker sind in Bruchtal zusammengekommen, um zu beschließen,

[193] Im Englischen wird für beide Formen des Rats ebenfalls derselbe Wortstamm verwendet: *to counsel / the council* (vgl. entsprechend das lateinische *consilium*).

[194] Eine ausführliche Würdigung der formalen und sprachlichen Qualitäten dieses Kapitels findet sich bei Tom Shippey (J.R.R. Tolkien. Autor des Jahrhunderts, S. 112-126). Shippey betont insbesondere auch die Pluralität in den Sprechweisen der verschiedenen Teilnehmer.

was zu tun ist. Elrond betont allerdings, dass dieses Zusammenkommen eine „Fügung“ ist, da die Beteiligten nicht von ihm „gerufen“ worden seien, dass aber jetzt „niemand anderes“ als die Zusammengekommenen „Rat finden müssen.“ (HdR I, 333f.) Sehr sorgsam wird der Anschein vermieden, dass Elrond das selbsternannte *Haupt* des Rates als einer *festen* Institution sei.
Vorab aber dient das Kapitel auch hier wieder einer umfassenden *Orientierung* (sowohl für die Beteiligten wie für die Leser). Aus verschiedenen Bestandteilen wird zunächst die Geschichte zusammengesetzt, deren Kenntnis die Voraussetzung für einem vernünftigen Ratschluss ist. Zwar wird der Beginn von Elronds Rat durch ein Glockenzeichen angekündigt, auch spricht Elrond einige einführende Worte, im übrigen aber geht es in der Veranstaltung auffallend formlos zu, ohne Rednerliste und ohne Tagesordnung, aber dafür mit verschiedenen Unterbrechungen, ungefragten Einwürfen, überlangen Exkursen und, wie sich herausstellt, sogar mit unbefugten Anwesenden. In einer letzten Wendung des Kapitels ergreift der von allen unbeachtete Sam das Wort, um kundzutun, dass er Frodo begleiten wolle, worauf Elrond ihm beipflichtet mit dem Zusatz, es sei ohnehin kaum möglich ihn von Frodo zu trennen, „selbst wenn er einer geheimen Beratung eingeladen ist und du nicht“. (HdR I, 375)
Jeder darf sich ungehindert nach seiner Art äußern und dabei auch die eigenen Interessen artikulieren: Es soll unterstellt werden können, dass der Rat Elronds ein nicht von Machteffekten durchzogener herrschaftsfreier Raum ist, in dem sozusagen der „eigentümlich zwanglose Zwang des besseren Arguments“[195] zur Geltung kommt. Dies geschieht nicht in Form eines geordneten *Verfahrens*, sondern (den Gepflogenheiten eines wie auch immer gedachten Mittelalters übrigens ganz zuwiderlaufend) eines *Gesprächs*. Es wird eine Idealität der Sprechsituation vorausgesetzt bzw. dort, wo sie fraglich wird, eingefordert.
Letzteres zeigt sich, als der Zwerg Glóin die Ausführungen von Legolas mit der Klage unterbricht, dass er in der Vergangenheit als Gefangener von den Waldelben nicht so rücksichtsvoll behandelt worden sei wie der dann überdies entflohene Gollum. Es ist bezeichnenderweise Gandalf (und nicht El-

[195] Habermas: Vorbereitende Bemerkungen zu einer Theorie der kommunikativen Kompetenz, S. 137.

rond), der ihn darauf hinweist, wenn man den vergangenen Groll nicht ruhen lasse, könne man „gleich auf den Rat verzichten" (HdR I, 352). Glóin steht daraufhin auf und verbeugt sich. Der kleine Zwischenfall demonstriert, was in den Rat gehört und was nicht; er demonstriert aber auch, dass auch das, was nicht in den Rat gehört, in ihm artikuliert werden kann. In dieser Weise lässt sich das Reich der Kommunikation der Macht entgegensetzen.

Das gilt natürlich nur unter der Voraussetzung der *Offenheit*. In gewisser Weise tritt Elronds Rat ja an die Stelle eines anderen Rats, von dem man sagen muss, dass er gescheitert ist: der in längeren Zeitabständen als feste Institution mit ständigen Mitgliedern zusammengerufene „Weiße Rat" der Zauberer und der Elben, in dem Beschlüsse über die gegen das Böse zu treffenden Maßnahmen gefasst werden sollten. Dessen Scheitern kommt im Rat Elronds ebenfalls zur Sprache. Saruman, das Haupt des Weißen Rates, hatte verheimlicht, dass er auf der Suche nach dem Einen Ring war, und den übrigen Mitgliedern zugleich versichert, „daß der Eine niemals wieder in Mittelerde gefunden werden würde" (HdR I, 346). Es ginge aber an der Sache vorbei, wenn man das Scheitern des Weißen Rates einfach Saruman anlasten würde. Vielmehr ist es logisch gesehen die gegenseitige *Unterstellung* fehlender Offenheit, die zu fehlender Offenheit führt. Gandalfs eigener Bericht in Elronds Rat über seine Auseinandersetzung mit Saruman macht das deutlich. Denn Saruman artikuliert ebenfalls einen nicht ganz von der Hand zu weisenden Vorwurf: „Wie lange schon, frage ich mich, hast du mir, dem Haupt des Rates, eine Sache von höchster Wichtigkeit verheimlicht?" (HdR I, 357) Zwar lässt sich der Rat als Weise des Kommunizierens der Macht entgegensetzen, aber aus demselben Grunde ist er auch *anfällig* für sie. Auch in Elronds Rat sind nicht alle überzeugt: „Boromir sah sie zweifelnd an, doch er senkte den Kopf. ‚So sei es', sagte er." (HdR I, 370)

Abgesehen davon steht es natürlich dahin, ob das, was im Rat einmütig beschlossen wird, auch jenen einleuchtet, die von den Entscheidungen zwar betroffen, aber nicht zugegen sind: Der Rat ist ja zugleich eine Regierungsform, deren Beschlüsse für die Regierten ebenso zu Befehlen und Gesetzen werden wie bei anderen Regierungsformen auch. Mehr noch: *Jedem* Regierungsakt *jeder* Regierung geht der Rat notwendigerweise voraus, insofern sich zum Beispiel der König mit seinen *Ratgebern* bespricht, ehe er etwas beschließt, oder aber, wenn er der Ratgeber nicht bedürftig zu sein glaubt, immerhin *mit sich selbst* zu Rate gehen muss. Und so, wie der König schlecht beraten ist, wenn er auf seine eigenen Machtgelüste hört, so kann er auch von falschen Ratgebern umgeben sein. Saurons Karriere bei den Númenórern buchstabiert den Topos eines derartigen falschen Ratgebers aus (das Reich des Bösen hingegen kennt keine Ratgeber, sondern allenfalls Experten).

Elronds Rat ist nicht zusammengekommen, um zu regieren und zu befehlen, sondern um zu beschließen, was mit dem Ring geschehen soll, deren Träger in ihrer Mitte weilt. Aber hier ergibt sich, gleichsam ins Innere gewendet, dasselbe Problem. Nachdem Einmütigkeit darüber hergestellt worden ist, dass der Ring im Orodruin vernichtet werden muss, erhebt sich die Frage, wer dies vollbringen soll. Es bleibt Bilbo vorbehalten, mit der Formulierung dieser entscheidenden Frage den Rat vor seine Aporie zu stellen: „Das scheint mir, hat dieser Rat zu entscheiden, und es ist alles, was er zu entscheiden hat." (HdR I, 374) Genau dieses Einzige, was er zu entscheiden hat, *kann* der Rat nämlich nicht entscheiden. Wie könnte er mit seiner Entscheidung jemandem aus seiner eigenen Mitte *befehlen*, diese Aufgabe zu übernehmen? Und wie dürfte er auch *Einfluss* darauf nehmen, wie sich jemand entscheidet? Auf Bilbos Frage antwortet lange Zeit niemand. Vielmehr sitzt „der ganze Rat", wie Frodo beobachten kann, „mit niedergeschlagenen Augen da". (HdR I, 374)

Der Rat kann nur zur Orientierung dienen, zum Entscheiden taugt er nicht. Frodo nimmt wahr, dass die gesenkten Blicke der anderen ihm nicht zugewandt sind. Damit soll gesagt werden, dass er sich von der Erwartung der anderen nicht beeinflusst fühlt. Statt dessen befällt Frodo eine „große Angst" wie vor der „Verkündung irgendeines Schicksalsspruchs […], den er lange vorausgesehen und von dem er dennoch vergebens gehofft hatte, daß er nie ausgesprochen würde". Und als er seine Entscheidung, den Ring zu nehmen, verkündet, ist es ihm, „als ob irgendein anderer Wille sich seiner kleinen Stimme bediente". (HdR I, 374) Welche unmittelbar auf den Willen einwirkende Macht mag das sein, die den Rat aus seiner Aporie erlöst?

Andere Beratungen. Im *Herrn der Ringe* werden immer wieder erklärende und orientierende Kommunikationssituationen zu Beratungssituationen verdichtet. In der ersten Phase der Wanderung, bevor Gandalf den Gefährten verloren geht, geschieht dies nahezu leitmotivisch. Das liegt daran, dass Aragorn und Gandalf, wie sich dem lauschenden Frodo in einem Gespräch enthüllt – das ihm eine „schon viel früher begonnene Beratung" (HdR I, 396) fortzusetzen scheint –, verschiedene Auffassungen vom rechten Weg haben. Nachdem der von Aragorn präferierte Versuch, das Nebelgebirge über den Pass des Caradhras zu überwinden, durch starken Schneefall zunichte (gemacht) geworden ist, lautet Gandalfs „Rat: das Gebirge weder zu überschreiten noch es zu umgehen, sondern unter ihm hindurch zu gehen" (HdR I, 408). Das ist der Gang durch Moria, gegen den Aragorn argumentiert hatte.
Dass ein solcher Dissens überhaupt ausgetragen werden muss, liegt daran, dass die Gefährten eben nicht auf einen Führer verpflichtet worden sind, sondern darauf, sich zu einigen. Gandalf hat also zwar nichts zu befehlen, setzt aber die Gefährten mit der Frage „wer wird mir folgen, wenn ich euch dorthin führe?" (HdR I, 410) doch deutlich unter Druck. Im Anschluss daran skizziert der Text exemplarisch vier mögliche Reaktionen darauf. Aragorn will Gandalf folgen, weil zuvor Gandalf seiner Führung gefolgt ist, „wenn diese letzte Warnung dich nicht umstimmt". Boromir will Gandalf nicht folgen, „es sei denn, die ganze Gemeinschaft überstimmt mich". Legolas „möchte nicht nach Moria gehen", ohne aus diesem Wunsch allerdings eine kategorische Weigerung abzuleiten. Frodo schließt sich Legolas an, fügt aber hinzu: „aber ebensowenig möchte ich Gandalfs Rat ausschlagen". (HdR I, 410)
Den Reaktionen ist also ebenso der Wille zur Einigung zu entnehmen wie die Unmöglichkeit, zu einer Einigung zu kommen. Einerseits kann die Lösung unter dieser Voraussetzung nur in einer Abstimmung bestehen, bei der es Gewinner und Verlierer geben muss. Anderseits fehlt es den Stimmen an der Bestimmtheit, die notwendig ist, damit sie gezählt werden können. Frodo bittet darum „daß nicht abgestimmt wird, ehe wir darüber geschlafen haben" (HdR I, 410). Wieder wird also die prinzipielle Schwierigkeit vorgeführt, mittels Beratung zu einer Entscheidung zu kommen. Und wieder wird den Beratenden die Entscheidung abgenommen: Das nächtliche Heulen der Warge führt allen vor Augen, das Gandalfs Plan ohne Alternative ist.

Es gibt noch ein weiteres Kapitel, das die Beratung auch im Titel führt, „Die letzte Beratung“. Im Englischen heißt es allerdings *The Last Debate*, was weniger auf eine kontroverse Auseinandersetzung hinweist als darauf, dass es sich nicht um eine institutionalisierte, sondern um eine einmalige Aussprache handelt, denn es geht in ihr um die Entscheidung der Heerführer, in den finalen Kampf gegen das Reich des Bösen zu ziehen. Hier hat man also eine klassische Entscheidungssituation vor sich, die Leben oder Tod vieler Menschen betrifft, die nicht nach ihrer Meinung gefragt werden. Gleichwohl wird auch in diesem Fall der Umstand hervorgehoben, dass niemand etwas zu befehlen hat – dass es nicht *einen* Befehlshaber gegen das Reich des Bösen gibt, sondern eine Pluralität. Aragorn sagt: „Laßt keinen jetzt Gandalfs Ratschläge verwerfen“, er sagt aber auch: „Dennoch erhebe ich noch nicht den Anspruch, irgend jemandem Befehle zu erteilen. Die anderen sollen sich entscheiden, wie sie wollen.“ (HdR III, 203) Freilich wollen sie dann, was er will. Weil die Beratung auch hier darüber orientiert, dass es keine Alternative gibt.

Zwei im *Herrn der Ringe* als entgegengesetzte Grenzfälle inszenierte ‚Beratungen' verdienen noch eine Betrachtung. Das ist zum einen das „Entthing“, auf dem die Ents genannten Baumwesen des Waldes Fangorn beschließen, gegen Saruman vorzugehen. Hier verwendet Tolkien ganz direkt das altgermanische Wort *thing*, das sowohl die Versammlung selbst wie den Versammlungsort bezeichnet, auf dem vor allem Rechtssachen entschieden werden. „Das ist kein Ort, es ist eine Versammlung der Ents – was heutzutage nicht oft vorkommt“ (HdR II, 106), erklärt Baumbart Merry und Pippin diese Institution. Wie der Entscheidungsprozess auf diesem mehrere Tage währenden Entthing abläuft, bleibt den Außenstehenden, die nur eine „seltsame und unverständliche Unterhaltung“ (HdR II, 109) wahrnehmen können, zwar verborgen; es handelt sich aber jedenfalls nicht um einen (wenn auch verlangsamten) Austausch von Argumenten in Rede und Gegenrede, sondern um einen gemeinsamen Gesang „in einem langen, steigenden und fallenden Rhythmus“ (HdR II, 109). Nur ganz selten erhebt sich eine einzelne „gewaltige Stimme zu einem hohen und bewegten Gesang, während alle anderen erstarben“ (HdR II, 113). Das Ende des Thing kündigt sich durch das Verstummen der Entstimmen an, das dann von einer Art „Marschmusik“ abgelöst wird. Zumindest von außen hat es daher den Anschein, als habe auch diese Beratung die Wirkung einer *Orientierung*, aus der dann allerdings weniger eine Entscheidung denn die *Mobilisierung* als gleichsam natürliche und zwangsläufige Fortsetzung hervorgeht.

Das ist zum anderen das merkwürdige Kapitel mit dem seltsamen Titel „Die Entscheidungen von Meister Samweis" (*The Choices of Master Samweis*). Es kulminiert in einer ausführlich inszenierten ‚Selbstberatung' Sams, der in diesem Moment der Überzeugung ist, sein Herr Frodo habe in den Stollen von Cirith Ungol durch die Riesenspinne Kankra seinen Tod gefunden, und angesichts dessen zunächst außer sich geraten ist. „‚Was soll ich nur tun? Was soll ich nur tun?' sagte er. ‚Bin ich den ganzen Weg mit ihm hierher gekommen für nichts und wieder nichts?'" (HdR II, 451) Es handelt sich um eine durch und durch romanhafte Inszenierung eines Mit-sich-zu-Rate-Gehens, in der die verschiedenen Aspekte der Situation dialogisch aufbereitet sind. Sam erinnert sich einer früheren Äußerung von ihm gegenüber Frodo: „*Ich habe noch etwas zu tun, ehe alles vorbei ist. Ich muß es durchschauen, Herr, wenn du mich verstehst*", um dann in den Selbsteinwand auszubrechen: „Aber was kann ich tun? Doch nicht Herrn Frodo tot und unbegraben hoch oben auf dem Gebirge zu lassen und nach Hause gehen? Oder Weitergehen? Weitergehen?" Angesichts des in den *Fantasy*-Welten herrschenden Transzendenzmangels gibt es natürlich keinen zwingenden Grund gegen das Unbegrabenlassen. Schließlich glaubt sich Sam entschieden zu haben: „Ich muß weitergehen." (HdR II, 451)

Statt dies aber in die Tat umzusetzen, führt er, bei der vermeintlichen Leiche kniend, weiterhin „in seinem Inneren eine Auseinandersetzung" (HdR II, 451), deren erzähltechnische Darstellung zwischen erlebter und wörtlicher Rede changiert. Denn wenn Sam weitergeht, muss er auch den Einen Ring an sich nehmen. Das Für und Wider dieser Maßnahme wird in Rede und Gegenrede wiedergegeben. Auf widersprüchliche Weise feuert er sich zum Entschluss an: „Nun ja, ich muß selbst einen Entschluß fassen. Und ich werde ihn fassen. Aber ich werde es bestimmt verkehrt machen: das würde Sam Gamdschie ähnlich sehen." (HdR II, 452) Aufgrund einer vernunftgemäßen Betrachtung der Alternativen kommt er zu dem Schluss, dass es keine Alternative gibt: Er muss den Ring an sich nehmen. Und er tut es. Er ist, so

scheint es, erfolgreich mit sich zu Rate gegangen. Bald muss er den Ring auch überstreifen, um nahenden Orks zu entgehen. Aber mit der Entdeckung Frodos durch die Orks ist seine Entscheidung wie weggeblasen: „Er ließ die Aufgabe und alle Entschlüsse fahren und Furcht und Zweifel mit ihnen. Er wußte jetzt, wo sein Platz war und gewesen war: an der Seite seines Herrn, obwohl ihm nicht klar war, was er fort tun könnte." (HdR II, 456)
Und nachdem er das Gespräch der Frodo fortschleppenden Orks belauscht hat, erfährt er überdies, dass Frodo von Kankras Gift nur betäubt ist, und schilt sich einen Narren: „Verlaß dich nicht auf deinen Kopf, Samweis, das ist nicht dein edelster Teil. Dein Fehler ist es, daß du niemals wirklich Hoffnung hattest" (HdR II, 464). Er habe „alles verkehrt gemacht", weil er seinen „richtige[n] Grundsatz", niemals seinen Herrn zu verlassen, aufgegeben hat: „Und ich wusste es in meinem Herzen." (HdR II, 465) Ohne jeden Zweifel muss er nun alles daran setzen, zu seinem Herrn vorzudringen.
Was soll uns dieses orientierungslose Hin und Her der Entscheidungen nun bedeuten? Ist es ein Beleg dafür, dass es fruchtlos ist, mit sich zu Rate zu gehen, dass durch das Für und Wider nur der ‚richtige Grundsatz' verdeckt wird? Dann bräuchte man, um zur richtigen Entscheidung zu kommen, nur auf einen Imperativ zu hören, den Imperativ des Herzens. Diesen Imperativ gälte es zu befolgen, ungeachtet der daraus erwachsenden Folgen. Dann wäre die folgende Überlegung unerheblich:
Wäre Sam diesem Imperativ gefolgt, so wäre er an Frodos Seite geblieben, bis die Orks ihn aufgegriffen hätten, und die Vernichtung des Ringes wäre nicht vollbracht worden; ohne Frodo den Ring abzuziehen und sich zeitweise von ihm zu entfernen, hätte er ihn nicht retten können; andererseits hätte er sich aber auch, wenn er sich später nicht auf seinen ‚richtigen Grundsatz' besonnen hätte, ohne jede Erfolgschance allein auf den Weg gemacht und die Vernichtung des Rings wäre ebenfalls nicht vollbracht worden. Von den *Folgen* aus betrachtet, war es gerade das Hin und Her der Entscheidungen, das zum Erfolg geführt hat. Da *wir* (die an der Entscheidung nicht Beteiligten) uns in erster Linie für die Folgen interessieren und erst in zweiter Linie für die Imperative des Herzens, können wir Gott danken, dass Zweitschöpfungen teleologisch konstruierte Welten sind.

Treue. Der ,richtige Grundsatz', mit dem Sam schließlich die Ergebnisse seines Mit-sich-zu-Rate-Gehens für nichtig erklärt, ist die Treue zu seinem Herrn. Über diese Treue, so will es scheinen, lässt sich nicht diskutieren. Treue – bekanntlich eine nicht nur im Mittelalter zentrale Tugend – ist eine Macht, aus der ein unhinterfragbarer und unkommunizierbarer Imperativ erwächst. Georg Simmel bezeichnet die Treue sozial gesehen als das „Beharrungsvermögen der Seele“ oder als einen „Induktionsschluss des Gefühles“,[196] das von der Beziehung in der Vergangenheit, ohne nach einer Begründung zu suchen und einen Zweifel zuzulassen, auf dessen Fortbestehen in der Zukunft schließt. „Ohne die Erscheinung, die wir Treue nennen“, meint Simmel, „würde die Gesellschaft überhaupt nicht in der tatsächlich gegebenen Weise irgend eine Zeit hindurch existieren können.“ Alle Momente, die zur Erhaltung der Gesellschaft beitragen (Eigeninteresse, Suggestion, Idealismus, Gewohnheit, Pflichtgefühl, Liebe) müssten auf diffuse Weise „durch das Moment der Treue ergänzt“ werden. Und umgekehrt sei die Treue kein ,reines' Gefühl, da ihm stets andere Momente und Beweggründe beigemischt sind.[197] Bei Sam tritt uns die so beschriebene Treue ,in Reinform' entgegen. Auch bei ihm ist sie kein ,reines' Gefühl. In einem wichtigen Briefentwurf vom September 1963 hat sich Tolkien etwas ausführlicher zu Sam Gamdschie geäußert. Er solle „liebenswert und belachenswert“ sein, ein wenig „borniert“ und „eingebildet“, mit der „Bereitschaft, alle Dinge anhand einer beschränkten Erfahrung zu messen und zu beurteilen“. Sam selber halte sich für einen „Helden“ nur „in der Diensttreue zu seinem Herrn“. Von dieser Diensttreue sagt Tolkien, sie habe „eine (wohl unvermeidliche) Beimischung von Stolz und Besitzansprüchen: so etwas ist aus der Hingabe derer, die einen solchen Dienst leisten, kaum auszuschließen“.[198] Tolkien sieht den ,gemischten' Charakter dieser Treue also sehr genau, und vor dem Hintergrund dieser Einschätzung sollte auch das Kapitel über die „Entscheidungen des Meister Samweis“ gesehen werden.

Helmut W. Pesch nimmt den Umstand, dass Tolkien in diesem Brief von „Besitzansprüchen“ (im Original *possessiveness*) des Dieners gegenüber seinem

[196] Simmel: Exkurs über Treue und Dankbarkeit, S. 96f.

[197] Simmel: Exkurs über Treue und Dankbarkeit, S. 95.

[198] Tolkien: Briefe, S. 430f. (Nr. 246).

Herrn spricht, zum Anlass, auch hier einen Anflug des Bösen zu diagnostizieren, einen „Fall mangelnder Abgrenzung, in diesem Fall zwischen dem Ich und dem Anderen".[199] Es kann aber nicht darum gehen, die Figuren im *Herrn der Ringe* einer psychologischen Bestandsaufnahme zu unterziehen. *Fantasy*-Romane werden nicht aus Liebe zu subtilen Charakteranalysen geschrieben, sondern können uns höchstens von ihnen erlösen. Wie die Figuren in diesen Sekundärwelten *sind*, ist daraus abzuleiten, wie sie sein *müssen*. Und hierzu ist festzustellen, dass im *Herrn der Ringe*, wenn es darum geht, der Macht etwas entgegenzusetzen, neben der Bereitschaft, sich auf einen Rat einzulassen, eine bestimmte, verallgemeinerte Form der Treue eine wesentliche Rolle spielt. Rat und Treue stehen so verstanden auf eine eigentümliche Weise komplementär zu einander, da sie sich sowohl ergänzen als auch ausschließen.

Unter einer verallgemeinerten Form der Treue ist zu verstehen: das Nicht-in-Frage-Stellen einer einmal übernommenen und als notwendig erkannten Verpflichtung. Ohne Vertrauen in diese Form der Treue wäre der in Elronds Rat gefasste Plan undurchführbar. Frodo hat den Auftrag, den Ring zu vernichten, aus einem dunklen Grund übernommen, den man am ehesten wohl als die Anerkennung einer schon bestehenden Verpflichtung auffassen kann. Dass er seine Mission aber fortsetzt, bis er tatsächlich am Schicksalsberg angekommen ist, verdankt sich dem Nicht-in-Frage-Stellen dieser Verpflichtung. Dieses Nicht-in-Frage-Stellen wird mit einer dem Subjekt selbst unzugänglichen Widerstandskraft begründet. Gandalf rechtfertigt den Plan zur Vernichtung des Ringes damit, dass es „Weisheit" sei, „die Notwendigkeit zu erkennen, wenn alle anderen Möglichkeiten erwogen sind, obwohl es denjenigen wie Torheit vorkommen mag, die sich an falsche Hoffnungen klammern" (HdR I, 372). Es geht mit anderen Worten nicht darum, die Größe der Chance für das Gelingen des Plans zu berechnen, sondern zu erkennen, dass es keine Alternative gibt.

Das Ergebnis von Elronds Rat besteht darin, den Träger des Ringes gleichsam als ein Subjekt zu programmieren, das so lange an der Realisierung des Planes festhält, bis seine Kräfte erschöpft sind. Während das Ratgeben in das helle romanhafte Licht des Reichs der Kommunikation getaucht ist, verbleibt die-

[199] Pesch: Die Wurzel des Bösen, S. 178.

ses „Beharrungsvermögen der Seele“ im Dunkeln. Die „Stärke des Herzens“, wie man dieses Beharrungsvermögen auch nennen kann, wird als etwas Unkommunizierbares vorgestellt, auf das man vertrauen muss. Beim Abschied von Bruchtal legt Elrond den Gefährten explizit „keinen Eid und keine Verpflichtung“ auf: „Denn noch kennt ihr nicht die Stärke eurer Herzen“. Und dann gibt er noch einen sehr vorausschauenden Rat, der für alle gilt, bei denen es auf das Beharrungsvermögen der Seele ankommt: „Schaut nicht zu weit voraus!“ (HdR I, 388)

Tolkien hat sich immer wieder anhören müssen, dass er seinen Helden letztlich moralisch habe versagen lassen, weil Frodo am entscheidenden Punkt der Macht des Ringes unterliegt, indem er ihn für sich reklamiert, statt ihn dem Schicksalsberg zu überantworten. In dem Briefentwurf, der auch die Charakterisierung von Sam vornimmt, nimmt Tolkien genauer zu diesem Vorwurf (an ihn und Frodo) Stellung. In Verteidigung seines Helden schreibt er zusammenfassend: „Seine [Frodos] Verpflichtung bestand nur darin, zu tun, was er konnte, und auf seinem Weg so weit zu gehen, wie es seine seelische und körperliche Stärke zuließ. Das tat er.“[200] Das heißt, dass das Beharrungsvermögen von Frodos Seele ausgereicht hat, weil er den Weg bis zum Schluss zurückgelegt hat.

Das ist aber nur die eine Hälfte der Wahrheit und unterschlägt den springenden Punkt der Konstruktion. Das profunde Missverständnis liegt in der Vorstellung, dass Frodo *dann* auch noch die Kraft hätte haben können oder müssen, den Auftrag zu vollbringen. Dass das nicht möglich war, erklärt Tolkien nach seiner Gewohnheit mit innerfiktionalen Gründen: „Im letzten Augenblick mußte der Druck des Ringes sein Höchstmaß erreichen – unmöglich […], daß jemand da widerstehen könnte, schon gar nicht nach so langem Besitz, Monaten zunehmender Qualen, ausgehungert und erschöpft.“[201] Es musste ein Hobbit sein, der diesen Auftrag übernimmt, weil die Hobbits – so die Konstruktion – als das der Macht am fernsten stehende Volk der Anziehungskraft des Einen Ringes am längsten widerstehen konnten (diese eigentümliche Widerstandskraft des Kleinen wird ja im *Herrn der Ringe* immer wieder hervorgehoben). Frodo hat dieses Beharrungsvermögen seiner Seele in

[200] Tolkien: Briefe, S. 427 (Nr. 246).

[201] Tolkien: Briefe, S. 426 (Nr. 246).

Bezug auf die Bewältigung seiner Aufgabe aber nur, weil er sich *nicht* vorstellt, wie es möglich sein soll, die Aufgabe zu bewältigen. Das Fortwerfen des Ringes ist kein Akt, der unter die Kategorie Treue fällt (und nur gegen die Treue kommt keine Macht an). Die Logik des Einen Ringes besagt ja nichts anderes, als dass dies *nicht* möglich sein würde (was aber wohlweislich niemals thematisiert wird). Frodo hat sich an Elronds Rat gehalten und *nicht zu weit vorausgeschaut*. Nur deshalb ist er bis hierhin gekommen. Weil er seine Phantasie nicht hat walten lassen.

8. Phantasie

Über Märchen. In dem beinahe buchlangen Aufsatz *On Fairy-Stories* (1939 verfasst, aber erst nach dem Zweiten Weltkrieg veröffentlicht) versucht sich Tolkien an einer Wesensbestimmung und Apologie des Märchens, die sich dezidiert von den volkskundlichen Erklärungen dieses Phänomens absetzt. Tolkien denkt das Märchen gewissermaßen von der Idee des *Reiches* her. Seine Überlegungen verdienen eine genauere Betrachtung. Von ihnen aus kann das Verhältnis von Macht und Phantasie noch einmal in den Blick genommen werden. Tolkien erklärt gleich auf der ersten Seite, was das Märchen ist:

> In seiner ganzen Weite, Höhe und Tiefe ist das Reich des Märchens voller Merkwürdigkeiten: Jederlei Tiere und Vögel finden wir hier, uferlose Meere und ungezählte Sterne. Schönheit als Verzauberung und allgegenwärtige Gefahr. Freude und Leid, beide scharf wie Schwerter. (ÜMä 53)

Tolkien versteht das Märchen also nicht von den Geschichten her, die es erzählt, sondern von den Elementen her, die in ihm eine Rolle spielen. Es wäre falsch zu sagen, dass diese Elemente einen zunächst als leer gedachten Raum nachträglich bevölkern, sie lassen den Raum vielmehr kraft ihrer Mannigfaltigkeit allererst aus sich hervorgehen. Dieser Raum stellt sich als ein Reich dar.[202] Ein Reich, zu dem „wir" Zutritt bekommen können.
Als Philologe ist Tolkien eigentlich unzufrieden mit den englischen Wörtern *fairy story* oder *fairy tale*, die (abgesehen davon, dass sie kein wirklich ehrbares Alter haben) suggerieren, es handle sich um Geschichten *über* ‚übernatürliche' Wesen. Im

> normalen englischen Sprachgebrauch sind *Fairy stories* überhaupt nicht unbedingt Geschichten *über* die Elben oder Feien, sondern Geschichten vom Elbenland oder der *Faërie*, dem

[202] Tolkien hat im Englischen kein dem Deutschen „Reich" entsprechendes Wort zur Verfügung. Hier verwendet er das Wort *realm*, an anderen Stellen, die mit „Reich" übersetzt werden, teilweise aber auch einfach *land*.

> Reich oder Zustand, in dem die Feien ihr Dasein haben. In der *Faërie* gibt nicht nur die Feien und Elben, sondern noch vieles andere, und nicht nur Zwerge, Hexen, Trolle, Riesen oder Drachen; sie umfasst auch Meere, Sonne und Mond, den Himmel und die Erde mit allem, was sie trägt: Baum und Vogel, Fels und Wasser, Brot und Wein und uns selbst, die Sterblichen, wenn wir verzaubert sind. (ÜMä 60)

Tolkien feiert also das Märchen (in einer nahezu heideggerianischen Diktion) als ein Reich, als eine Sekundärwelt, von der ein Zauber ausgeht, den Jung und Alt zu verspüren vermögen (der Aufsatz widmet sich dem Aspekt, dass Märchen sich nicht spezifisch an Kinder richten, in aller Breite). Ersichtlich handelt es sich um Ausführungen *pro domo*: Tolkien reflektiert in seinen Überlegungen sein eigenes Tun. Dabei vermeidet er aber genauer zu erläutern, welchen *Status* dieses „Reich der Fährnisse“ (ÜMä 61) hat. Er spricht zwar von der spezifischen „Luft, die dort weht“, sowie davon, dass eine *fairy-story* eine „Geschichte“ sei, „die an die *Faërie* rührt oder sich ihrer bedient“ (ÜMä 61). Aber er verschweigt, dass die Märchen dieses Reich infolgedessen nicht *realisieren*, sondern nur *evozieren*. Auch dieses Reich existiert nur als Idee, an der die Märchen (aus seiner Sicht) *teilhaben* mögen.
Shippey zielt auf diesen Sachverhalt, wenn er sagt, dass sich die Welt des Märchens „nirgendwo in die bekannte Geschichte oder Geographie einordnen“ ließe und dass die verschiedenen Märchen „auch keine Verbindung miteinander hätten“: „Daher regen sie zwar die Phantasie an, stellen sie aber nicht ganz zufrieden – wenigstens nicht so, wie es heutige Leser erwarten, mit einer voll entwickelten Handlung, durchgebildeten Charakteren und, was vielleicht am meisten vermisst wird, einer Landkarte.“[203] Über all dies – voll ausgebildete Handlung, durchgebildete Charaktere, Landkarte – verfügt der *Herr der Ringe*. Folglich ist er – so die Schlussfolgerung – in der Lage, die Phantasie ganz zufrieden zu stellen. Wenn das stimmt, so wäre der *Herr der Ringe* die Realisierung des in den Märchen bereits angelegten Reichs der Phantasie und der Phantasie als Reich.

---

[203] Shippey: J.R.R. Tolkien. Autor des Jahrhunderts, S. 53f.

Hinter einer solchen Idee steckt eine sentimentalische Auffassung des Märchens und eine profunde Verleugnung der Modernität des literarischen Unterfangens, aus dem der *Herr der Ringe* hervorgegangen ist. Für das Märchen ist es konstitutiv, dass ihm *keine* konsistente, *mögliche* ,Welt' zugrunde liegt.[204] Es ist eine Gattung, die zwar von Begebenheiten handelt, die nicht geschehen sind, aber diese Begebenheiten sind nicht in das eingebettet, was man in der Theorie der Fiktion als einen fiktionalen *Raum* auffasst.[205] Die Abwesenheit nicht nur von Landkarten, sondern weitgehend auch von Orts- und Personennamen, – Bestandteile, die in ,Tolkiens Welt' überreich vorhanden sind – ist ein Indiz dafür. Und da sich das einzelne Märchen nicht als Reich konstituiert, droht in ihm auch nicht das Reich des Bösen. Die Frage ist, was geschieht, wenn aus dem, was kein Reich ist, ein Reich gemacht wird. Das Reich, in dem er die Märchen ansiedelt, bezeichnet Tolkien auch als *Faërie*. Von der *Faërie* sagt er, ihr komme „vielleicht die Übersetzung mit ,Magie' am nächsten", beeilt sich aber sogleich hinzuzufügen, dass es sich um eine „Magie von einer besonderen Kraft und Gestimmtheit" handle; sie befinde sich am „extremen Gegenpol zu den vulgären Künsten des emsigen, wissenschaftlich vorgehenden Magiers" (ÜMä 61). Es wird also auf poetologischer Ebene dieselbe Unterscheidung bemüht, die auch innerhalb der Motivik des *Herrn der Ringe* eine Schlüsselrolle spielt: die zum Bösen gehörende Magie als *Machtausübung* und die zum Guten gehörende *elbische* Magie als eine Form der Kunst bzw. Kunstfertigkeit (*Arts and Crafts*[206]).
In der literarischen Produktion wird durch die verbindende Konstruktion des *Herrn der Ringe* mit dem *Silmarillion* allerdings zugleich die Unmöglichkeit einer kategorialen Trennung dieser beiden Formen von Magie deutlich: Die

[204] Stanislaw Lem führt in *Phantastik und Futorologie* aus, im Märchen (und im Mythos) gebe es „eigentlich nur eine Ordnung der Dinge, in der Gewöhnliches mit Wunderbarem wie Kraut und Rüben miteinander vermischt werden" (Lem: Phantastik und Futurologie. Bd. I, S. 88). Auch innerhalb des Märchens fehlt es demzufolge an jener Konsistenz, die für eine Anderswelt vorausgesetzt wird.

[205] Vgl. zum Konzept der Fiktion als „mögliche Welt" etwa Doležel: Heterocosmica. Fiction and Possible Worlds, S. 12ff.

[206] Auf den Zusammenhang der Konzeption von Schöpfertum bei Tolkien und dem *Arts and Craft Movement* im England der zweiten Hälfte des 19. Jahrhunderts weist nebenbei auch Oliver Bidlo hin; vgl. Bidlo: Sehnsucht nach Mittelerde, S. 111.

Macht der Elbenringe ist an die Macht des Einen Ringes geknüpft; die Kunstfertigkeit des Elben Feanors in der Erschaffung der Silmaril präfiguriert bis zu einem gewissen Grad die Erschaffung des Einen Rings. Diesen Zusammenhang reflektiert der Aufsatz *Über Märchen* mit seiner Rede vom ‚extremen Gegenpol' nicht, obwohl die ‚technische' Handhabung von Magie gewiss nicht nur bei den Bösen vorkommt. Denn worum es Tolkien hier geht, ist nicht die Klassifizierung von *Aktionsarten* innerhalb des Märchens, sondern die Charakterisierung des *Mediums* der Verzauberung, das dessen Möglichkeitsbedingung sein soll.

Elbenkunst. Um die „Elbenkunst" (*elvish craft*), wie er sie versteht, zu bezeichnen, kommt Tolkien an späterer Stelle seines Aufsatzes noch einmal auf die Magie zurück und erklärt, er habe weiter vorne das Wort „Magie" dafür verwendet, „aber ich hätte es nicht nehmen sollen". Dieses Wort sollte eben ausschließlich die Maßnahmen eines Magiers [*operations of a magician*] bezeichnen". Die „spezifisch elbische Kunst" möchte er „mangels eines weniger anfechtbaren Wortes die Verzauberung [*enchantment*] nennen". Die Magie will „*Macht* in dieser Welt, Herrschaft über Dinge und Willenskräfte", die Verzauberung, die *elvish craft* will das nicht. (ÜMä 108, OFS 142f.) Nach dieser „Verzauberung" aber „trachtet die Phantasie". (ÜMä 108) Tolkien konzipiert in seinem Essay also einen Phantasiebegriff jenseits von Macht.
„Phantasie" (*fantasy*) ist der zentrale Begriff der von Tolkien in *Über Märchen* entwickelten Poetologie. Er beginnt den so überschriebenen Abschnitt mit einer Abgrenzung zur „*imagination*". Die „Fähigkeit, sich ein inneres Bild zu machen", sollte *imagination* heißen; ob es hingegen gelinge, „dem Bild einen Ausdruck (*expression*)" zu geben, sei „ein anderer Aspekt, den man auch anders benennen sollte: Kunst [*Art*], das aktive Bindeglied zwischen der Einbildungskraft [*Imagination*] und dem Endergebnis, der Zweitschöpfung [*Sub-creation*]." (ÜMä 101, OFS 139) Den Begriff der Phantasie will Tolkien an dieser Stelle einsetzen, weil dieses Wort „sowohl die Kunst der Zweitschöpfung an sich als auch den Zug des Fremden und Wundersamen in dem vom Bilde hergeleiteten Ausdruck einschließt, der ein Wesenszug des Märchens ist." (ÜMä 102) Die Phantasie setzt also eine Zweitschöpfung – ein Phantasiegebilde – ins Werk, die nicht als Abbild der „Primärwelt" (also als *Mimesis*)

aufgefasst wird, sondern als wundersam und fremd auffällt (nur dies rechtfertigt ja auch den Begriff *Zweitschöpfung*). Die Zweitschöpfung hat dann „eine Fremdheit, die uns gefangennimmt". (ÜMä 102)

Das (vermeintlich) anti-mimetische Dogma lautet: „Die Phantasie (in diesem Sinne, der das Phantasiegebilde mit einschließt), erscheint mir nicht als eine niedere, sondern als eine höhere Form der Kunst, ja als diejenige Form, welche der Reinheit am nächsten kommt, und daher (wenn gelungen) als die stärkste." (ÜMä 102) Aber wann ist sie gelungen? Die einfachste, aber letztlich tautologische Antwort auf diese entscheidende Frage wäre: Sie ist gelungen, wenn sie uns gefangen nimmt. Tolkien ersetzt dieses formale Kriterium unter der Hand – mit weitreichenden Folgen – durch ein anderes: Die Zweitschöpfung ist erfolgreich, wenn man an sie *glaubt* oder genauer, wenn man an sie glauben *muss* – wenn sie „einen Sekundärglauben [*secondary belief*] weckt oder erzwingt [*commands or induces*]". Das ist dann der Fall, wenn sie „die innere Folgrichtigkeit der Realität" (*inner consistency of reality*) aufweist. (ÜMä 101, OFS 139)

Aus diesem Grund ist die Phantasie Tolkien zufolge „schwer zu bewerkstelligen", und zwar umso schwerer, „je weniger die Vorstellungen und Umbildungen der primären Stoffe den tatsächlichen Verhältnissen der Primärwelt ähneln" (ÜMä 103). Es ist leichter, bei einem realistischen Roman den Sekundärglauben zu erzwingen als bei einem *Fantasy*-Roman, so die Behauptung. Tolkien erörtert das Problem am Beispiel „*die grüne Sonne*". Jeder kann sich so etwas leicht „vorstellen oder ausmalen", aber um „eine Sekundärwelt zu schaffen, in der die grüne Sonne glaubhaft ist, nämlich einen Sekundärglauben erzwingt, bedarf es vermutlich einiger Mühe und Überlegung, gewiß aber einer besonderen Fertigkeit, einer Art Elbenkunst." (ÜMä 103f.) Daher insistiert Tolkien auch auf der *Willkür* und der *Kontrolliertheit* der Phantasie. Zu den Träumen und Halluzinationen zieht er eine scharfe Grenze: „Das Phantasieren ist eine rationale und nicht eine irrationale Tätigkeit." (ÜMä 103). Allerdings kann man den Gedanken, dass das Phantasieren eine rationale Tätigkeit ist, auch so ausdrücken, dass die Zweitschöpfung ein *Reich* sein soll, in dem der Zweitschöpfer *gebietet*.

Das *Gebieterische* des Zweitschöpfertums tritt am deutlichsten zutage, wo es von Tolkien als elementare sprachliche Operation eingeführt wird. Tatsächlich schlummert das Phantastische für ihn in der Wortart *Adjektiv*: „Kein Zauber [*spell*] und keine Beschwörung [*incantation*] des Elbenreichs [*Faërie*] ist mächtiger" als die „Erfindung des Adjektivs". (ÜMä 74, OFS 122) Denn das Adjektiv löst die Eigenschaften von den Dingen ab und macht es möglich, sie anderen Dingen anzuheften:

> Derselbe Geist, der *leicht* und *schwer, grau, gelb, starr* und *schnell* erdachte, schuf auch die Magie, die Schweres leicht und flugbegabt, aus dem grauen Blei das gelbe Gold und aus dem starren Feld das bewegliche Wasser machen konnte. Vermochte er das eine, so vermochte er auch das andere; unvermeidlich leistete er beides. […] Wir können leichenhaftes Grün auf das Gesicht eines Menschen legen und ein Schreckgespenst erschaffen, wir können den seltenen und furchtbaren blauen Mond scheinen lassen; oder wir lassen Wälder mit silbernem Laub und Widder mit goldenem Vlies aufwachsen und entfachen das heiße Feuer im Bauche des kalten Lindwurms. Doch in einer solchen „Phantasie", wie man dies nennt, wird neue Form geschaffen; das Feienwerk [*Faërie*] beginnt, und der Mensch wird zum Zweitschöpfer.
> Eine wesentliche Eigenschaft des elbischen Elements im Märchen ist also die Kraft, Gesichte der „Phantasie" unmittelbar durch den Willen wahr werden zu lassen. (ÜMä 74, OFS 122)

Phantasie ist auf der einen Seite etwas *Augenblickliches*, das ein in der Welt vorgefundenes Element unmittelbar nach eigener Willkür verändern und verwandeln kann, und auf der anderen Seite ein *Reich*, eine Anderswelt, deren die veränderten Elemente bedürfen, um in ihrer Andersheit Konsistenz zu gewinnen. Gewiss lassen sich diese im Grunde sehr schlichten Überlegungen in den Kontext ehrwürdiger poetologischer Diskussionen[207] um die Frage nach der Legitimität einer poetischen Erfindung stellen, die dem allmächtigen Schöpfer Konkurrenz macht. Aber erst die Radikalisierung, die Tolkien durch

[207] Vgl. dazu etwa Einhaus: *The Lord of the Rings*. Logik der kreativen Imagination, S. 6ff.

seine gewissermaßen zweipolige Phantasiekonzeption vornimmt, überführt diese Frage in eine Dialektik und eine Metaphysik der Macht.
Es handelt sich gewissermaßen um das Staunen über die „Sprache der ‚Fiktion'", von der Maurice Blanchot in einen Essay geschrieben hat, dass man in ihr die Worte „Brot" oder „Engel" bloß hinzuschreiben brauche, „um augenblicks nach freiem Belieben die Würze des Brots und die Schönheit des Engels unserer Phantasie zu reichen". Dieses Vermögen sei jedoch an eine abgründige Bedingung geknüpft: „Erst nämlich muss die Welt, in der wir lediglich das Recht haben, die Dinge zu gebrauchen, eingestürzt sein, erst müssen die Dinge sich unendlich weit von sich selber entfernt haben, müssen zur fernen Nichtzuhandenheit eines Bildes geworden sein".[208] Die von Tolkien geschaffene Sekundärwelt muss vor einem solchen Hintergrund gesehen werden. Ihr Schöpfer widmet sich mit Haut und Haar der Aufgabe, an der Stelle der eingestürzten Welt eine andere aufzurichten, um mit ihr nicht nur den Dingen, sondern auch uns eine Heimstatt zu geben, die mehr sein soll als die ‚Nichtzuhandenheit eines Bildes'. Freilich kann er selber in dieser Welt nicht vorkommen, und auch wir können nur in sie eintreten, indem wir uns unserer selbst entledigen.
Die Frage, inwiefern die Fiktion eine ‚Welt' impliziert, schwingt schon in frühen Reflexionen über die Form des Romans mit, gewissermaßen als Indikator der von Lukacs diagnostizierten ‚transzendentalen Heimatlosigkeit'.[209] In Christian Friedrich von Blanckenburgs *Versuch über den Roman* von 1774 wird der „Romanendichter" als „der eigentliche Nachahmer des Schöpfers durch die Schöpfung seiner kleinen Welt" bezeichnet.[210] Die Unterscheidung zwischen der Schaffung eines *Dinges* und der Schaffung einer *Welt* ist eine notwendige Voraussetzung für die Kategorie der Fiktion. Das wird in den Fiktionalitätstheorien allerdings kaum wirklich bedacht. Das sieht man am deutlichsten an den Theorien, die jede Fiktion von vorn herein als ‚Heterokosmos' oder ‚mögliche Welt' auffassen.[211] Weil diesen Modellen zufolge der fiktionale Text durch das formale Außerkraftsetzen der wirklichen Welt

[208] Blanchot: Der Gesang der Sirenen. Essays zur modernen Literatur, S. 282.
[209] Lukacs: Die Theorie des Romans, S. 32.
[210] Blanckenburg: Versuch über den Roman, S. 432.
[211] Vgl. Doležel: Heterocosmica. Fiction and Possible Worlds; Pavel: Fictional Worlds.

gleichsam automatisch eine Welt erzeugt, gerät das Erzeugen dieser Welt als spezifische schöpferische Tätigkeit notwendigerweise aus dem Blick (weshalb diese Theorien auf die Gattung *Fantasy* gewöhnlich auch nicht zu sprechen kommen).[212]

Allerdings bleibt der Status der Sekundärwelt auch in Tolkiens eigener Poetologie ein blinder Fleck – und zwar gerade deshalb, weil er versucht, ihre Erzeugung als ‚Elbenkunst' zu legitimieren. Einerseits schreibt er in *Über Märchen*, die Phantasie trachte nach „dem Elbenhandwerk, nach Verzauberung", anderseits sind die von „Menschenhand" geschaffenen „Elbengeschichten" für ihn selbst Ausdruck für „das Verlangen nach einem lebendigen, wahrgewordenen Zweitschöpfertum". (ÜMä 108) Ganz und gar transzendentalpoetisch wirkt dann Tolkiens Erklärung, wir könnten von den Elben gerade dann „lernen, welches das tiefste Denken und Trachten der Phantasie ist", wenn „die Elben ihrerseits nur Phantasiegebilde sind". (ÜMä 109) Tolkiens eigenes Werk wäre somit der Versuch, Elbenkunst zu produzieren. Tatsächlich ist dies aber gerade nicht der Fall. Denn die Elben erschaffen in Tolkiens Welt zwar viele schöne *Dinge* (von den Silmarils bis zu den Lembas), aber sie schaffen eben *keine Welten*. An keiner Stelle gibt es *innerhalb* von Tolkiens Welt eine Literatur, die sich von der Darstellung von Historie im weitesten Sinne löste und in das fiktionale Erzählen erfundener Geschichten überginge. Für die Fiktion ist in dieser Welt kein Platz.

Insofern kann sich die Phantasie *im* Reich der Phantasie nicht realisieren. Die Welt der *Fantasy*-Romane ist eine Welt ohne *Fantasy*-Romane. Es gibt keine Phantasie zweiter Ordnung, jedenfalls nicht in ihrem ‚reinen' Zustand. Man könnte sagen, in einer Phantasie zweiter Ordnung wäre ein *Mise en abyme* angelegt (das Prinzip der ineinander verschachtelten russischen Püppchen). In einer ‚gesunden' Phantasie kommt die Phantasie selbst nicht vor. Andernfalls würde ihre Macht ebenso wie ihre Ohnmacht vor Augen geführt. Und wir würden unseren Glauben verlieren: „Sobald Unglaube aufkommt, ist der Bann gebrochen". (ÜMä 90)

---

[212] Donatus Thürnau konstatiert eine „inflationäre und daher philosophisch problematische Verwendung des Begriffes ‚Welt'" (Thürnau: Gedichtete Versionen der Welt, S. 86) in vielen Fiktionalitätstheorien.

Unglauben und Glaubenszwang. Tolkien fasst die Phantasie vom Standpunkt der Zweitschöpfung her auf. Die unmittelbare Machtausübung der Phantasie, etwa das Zaubern des Grün auf die Sonne, gleicht einer magischen Praxis, aus der Tolkien die Verzauberung zwar hervorgehen lässt, die es aber zu überwinden gilt. Die unkontrollierte Phantasie ist eine Phantasie ohne Vernunft und erzeugt keinen Glauben. Statt dessen soll gelten: „Je klarer und schärfer die Vernunft, desto bessere Phantasien wird sie hervorbringen." (ÜMä 110) Die Phantasie kann „über jedes Maß hinausschweifen. Sie kann schlecht ausgeführt sein. Sie kann bösen Zwecken dienen." (ÜMä 110f.) Sie kann pure *Machtphantasie* werden. Aber diesen zwangsläufigen Möglichkeiten des Missbrauchs hält Tolkien den lateinischen Satz entgegen: *„Abusus non tollit usum*" (ÜMä 111) – „Die Phantasie bleibt ein Menschenrecht." (ÜMä 111)

Die Phantasie kann nur *vermittelt* werden, wenn und insofern sie Glauben hervorruft. Deswegen ist sie laut Tolkien am besten „in der reinen Dichtung" aufgehoben. Tolkien versucht sich in *Über Märchen* auch an einer Begründung, weshalb sich andere Künste bzw. Medien weniger dazu eignen, diesen Glauben hervorzurufen. So erklärt er über die Malerei, hier sei „die sichtbare Darbietung des Phantasiegebildes technisch allzu leicht", was tendenziell zu „Albernheit oder Morbidität" führe. (ÜMä 104) In der Tat ist es in der Malerei leicht, eine Welt in das Licht einer grünen Sonne zu tauchen. Die Malerei lässt die Phantasie daher für Tolkien über das rechte Maß hinausschweifen. Sein Beispiel hierfür ist der zur Abfassungszeit des Essays aktuelle Surrealismus. In ihm sieht er eine fiebrige Rückkopplung am Werk: „Eine merkwürdige Geistesstörung wird oft allein schon durch das Zeichnen solcher Dinge herbeigeführt, ein Zustand, der in seinen Eigenschaften und im Bewusstsein seiner Krankhaftigkeit den Empfindungen bei hohem Fieber ähnlich ist". (ÜMä 136) Die Malerei erzeugt keine Sekundärwelt, an die man glauben könnte. Sie stellt nur sich selbst dar, einen Ausschnitt in einem bestimmten Zustand. Eine Welt ist nur dann eine Welt, wenn sie mehr ist als das, was sie darstellt – wenn sie ein *Reich* ist, in dem sich etwas ereignet, eine *Geschichte*.

Interessanter als die Ausgrenzung der phantastischen Malerei ist die Unzuständigkeit des *Dramas* für das Phantastische. „Das Theater", so Tolkien lapidar, „ist dem Phantastischen von Natur feind". (ÜMä 104) Er begründet dies zunächst einmal mit seinen eigenen Erfahrungen. Das Phantastische gelinge nicht, „wenn das Stück, seinem Zweck gemäß, sichtbar und hörbar aufgeführt wird". So könne beispielsweise den „Menschen, die als sprechende Tiere kostümiert sind, [...] die Posse oder die Persiflage gelingen, aber nicht das Phantastische" (ÜMä 104). Dem auf einer Bühne aufgeführten Phantastischen kann man schon wegen der „Unzulänglichkeit der Bühneneffekte" (ÜMä 106) keinen Glauben schenken. Aber der entscheidende Punkt ist ein anderer. Das Theater selbst sei nämlich „seiner Natur gemäß" schon eine „Ersatzmagie": Die *„sichtbare und hörbare Darbietung imaginärer Personen in einer Handlung*" sei im Grunde „ein Versuch, die Wirkung des Zauberstabes nachzuahmen" (ÜMä 106). Insofern sind die ‚Bretter, die die Welt bedeuten', für sich bereits eine „magische Sekundärwelt", in welche man „ein weiteres phantastisches oder magisches Element" einzuführen versuchte, wodurch gewissermaßen eine „tertiäre Welt" entstünde. (ÜMä 106) Und das ist entweder zu viel oder zu wenig.

Wenn die ‚sichtbare und hörbare Präsentation imaginärer Personen in einer Handlung' als eine Ersatzmagie betrachtet werden kann, so gilt dies natürlich nicht nur für das Drama, sondern *a fortiori* für den *Film*. Film ist Zauberei.[213] Insofern zeigt auch der Film eine ‚magische Sekundärwelt'. Aber anders als das Drama, wo die Theatermaschinerie den Glauben an das Phantastische nicht herbeizwingen kann, ist das magische Medium Film offenbar dazu in der Lage, das Phantastische zu zeigen. Dem Phantastischen keineswegs feind, ist der Film vielmehr – zumal im Zeitalter der *spezial effects* – bestens geeignet, unseren Glauben an die dargestellte Welt zu erzwingen. Insofern kann man auf den Film anwenden, was Tolkien in Beug auf das „elbische Drama" sagt: „Wenn wir eine Sekundärwelt *unmittelbar* erleben, ist der Zaubertrank für uns zu stark, und wir schenken ihr den primären Glauben, so wundersam die Ereignisse auch sein mögen." (ÜMä 107)

Der Einwand gegen den Film überhaupt, dass er die Phantasie tötet, weil er ihr nichts mehr zu tun übrig lässt, ist so alt wie das Medium selbst. Ihr schließt sich gewöhnlich der Befund an, dass der Film die Phantasie gleichschaltet, indem er an die Stelle der individuellen Imagination das technische Bild setzt. Für den Film, der eine *Fantasy*-Welt realisiert, gilt das in besonde-

[213] Vgl. etwa Kittler: Grammophon – Film – Typewriter, S. 229ff.

rem Maße, da es hier ja eben darum geht, in eine Welt ‚einzutauchen'. Auch im Rahmen der Verfilmung des *Herrn der Ringe* durch Peter Jackson wurden diese Argumente bis zum Überdruss wiederholt.[214] Dass man ihrer überdrüssig ist, besagt freilich nicht, dass sie falsch sind. Davon abgesehen verwenden sie den Begriff der Phantasie für etwas, wofür Tolkien selbst den Begriff der Imagination reserviert hat, um die Phantasie im Gegensatz dazu als ein *produktives* Vermögen zu kennzeichnen. Auch Tolkien selbst übrigens hat – sich gegen den „Kinematographen" ebenso wie gegen „Illustrationen" wendend[215] – erklärt, jede „Kunst, die eine *sichtbare* Darstellung gibt" kranke daran, „daß sie uns eine einzige sichtbare Form aufzwingt". (ÜMä 136)
Es gibt wohl keine andere literarische Gattung, die so sehr nach Visualisierung verlangt wie *Fantasy*, weil der Text hier in gewisser Weise auf eine Illusionsmaschine reduziert wird. Zugleich entwickelt sich der Film immer mehr zu einer Technologie, die das Phantastische tatsächlich auf eine magische Weise zu sehen geben kann. Umgekehrt macht der *Herr der Ringe* aber auch deutlich, inwiefern sich die Verfilmung gerade deshalb verbietet. Nicht weil sie dem einschlägigen Topos zufolge die Phantasie tötet oder gleichschaltet, sondern weil sie das *Reich der Phantasie* in das bannt, *was man sehen kann.*
Zum einen kann man sagen: Je weiter sich die *spezial effects* vervollkommnen, je atemberaubender die technischen Möglichkeiten der Verfilmung werden, desto mehr lässt sich Tolkiens Verdikt gegen die phantastische Malerei auf den Film übertragen – dass die „Darbietung des Phantasiegebildes technisch allzu leicht" (ÜMä 104) wird.[216] Zum anderen gilt: Die Bebilderung durch das Medium Film lenkt (zunehmend) davon ab, dass eine *Fantasy*-Welt auf eine grundsätzliche Weise *mehr* ist, als man sehen kann, und dass sie sehr viel größer ist als die erzählte Welt. Sie ist – wie der *Herr der Ringe* paradigmatisch vorführt – stets ein kleiner Ausschnitt aus einer umfangreicheren Welt, die nicht in Form eines *Fantasy*-Romans erzählt werden kann (und dann im Film ersatzweise in Form sichtbarer Relikte vergangener Zeiten und giganti-

[214] Vgl. Mikos u.a.: Die *Herr der Ringe*-Trilogie. Attraktion und Faszination eines popkulturellen Phänomens, S. 89ff.

[215] Gleichwohl hat Tolkien selbst Illustrationen insbesondere zum *Hobbit* angefertigt.

[216] Die *Herr der Ringe*-Verfilmung durch Peter Jachson markiert einen Schub in der Weiterentwicklung der Technologie visueller Effekte; vgl. genauer Mikos u.a.: Die *Herr der Ringe*-Trilogie, S. 97ff.

scher Weltlandschaften ins Bild gerückt werden muss). Was der Film zeigt, kann nie ein Reich sein, weil man ein Reich nicht zeigen kann.

Die bewegten Bilder *zwingen* den Glauben herbei. Auf die Spezialeffekte, die das Phantastische zu sehen geben und uns überwältigen, treffen alle Merkmale zu, die Tolkien der bösen Magie zuschreibt: Sie ist keine Kunst, sondern eine „Technik", die nach „Trug, Herrschaft und Behexung" (ÜMä 109) strebt.[217] Das heißt keineswegs, dass Tolkien mit seiner textuell erzeugten Welt einfach auf der Seite der ‚guten' Magie ist. Die Verfilmung bringt gewissermaßen nur zum Vorschein, was in der Textwelt bereits am Werke ist, und erfüllt in diesem Sinne sogar eine Forderung des Werkes. Der Film vollendet durch seine Rhetorik des Vor-Augen-Stellens eine *Schließung*, der auch die Textform zustreben muss.

Die Frage, ob wir einer Sekundärwelt Glauben schenken können oder nicht, ist bei Tolkien zunächst einmal nicht auf der Ebene der Vorstellungsbilder angesiedelt.[218] Nicht um die ‚magische' *Erzwingung* des Glaubens durch Visualisierung geht es, sondern um die Glaubhaftigkeit, die durch die „innere Folgerichtigkeit" (ÜMä 103) der Sekundärwelt erzielt werden soll. Diese innere Folgerichtigkeit wird aber ganz von der erzählten Welt und ihren Implikationen her gedacht. Sie wird also so interpretiert, dass es sich um eine nach ihren eigenen Regeln *mögliche* Anderswelt handeln soll. Daran hat Tolkien in seinen Texten und in seinen Briefen gefeilt, und daran feilen die Liebhaber von Tolkiens Welt weiter, wenn sie etwa über *Biologie, Genetik und Evolution in Mittelerde* schreiben.[219] Der Verfilmung gelingt kraft ihrer Medialität die Verdeckung dessen, was der literarische Text zu verdecken nur trachten kann:

---

[217] Die Behexung, die den Zuschauer strukturell durch den Film ereilt, hat ihr Gegenstück in dem sich parallel dazu entwickelnden Format des *Making off*-Bonusmaterials, das den Kinofilm in den DVD-Editionen ergänzt und die Technologie des Vor-Augen-Stellens vor Augen stellt; vgl. Mikos u.a.: Die *Herr der Ringe*-Trilogie, S. 148ff.

[218] Die Verfilmung von Peter Jackson führt beispielsweise deutlich vor Augen, dass man sich die Ents *nicht* wirklich visuell vorstellen kann. Es ist keineswegs so, dass den Ents eine konsistente visuelle Vorstellung von Seiten des Autors zugrunde liegt, die dann in der sprachlichen Form nur unvollkommen bzw. rudimentär kommuniziert wird. Vgl. zur komplexen imaginativen Erzeugungslogik der Ents Einhaus: *The Lord of The Rings*. Logik der kreativen Imagination, S. 99ff.

[219] Schneidewind: Mein Mittelerde, S. 15-44.

dass diese Sekundärwelt keineswegs eine in sich konsistente, mögliche Welt ist, sondern *in sich heterogen.*

Die Welt, die im *Herrn der Ringe* entfaltet und evoziert wird, ist nicht nur eine andere Welt, sie ist *als Welt* anders. Natürlich besteht sie wie alle Anderswelten aus Versatzstücken unserer Welt und unserer Mythologie, bevölkert von Dingen und Wesen, von denen wir schon gehört haben. Eine Phantasie, die aus dem Nichts erschaffen wollte, wäre weltfremd und würde keinen Glauben verdienen. Die kontinuierliche Erzählung, die uns durch diese Welt führt, und die Karten, die uns über ihre Topographie informieren, verdecken, dass es sich um eine *Montage* aus Elementen handelt, die nur im Reich der Phantasie zusammen bestehen können.

So benötigt diese Welt – als Stellvertreter des Lesers – die *Hobbits*, die daher einen Anachronismus in ihr darstellen müssen (und deren Heimat einen weitgehend magiefreien Raum darstellen muss). Die *Elben* sind nicht nur eine Population innerhalb dieser Anderswelt, sondern sie repräsentieren – zumal nach den poetologischen Ausführungen Tolkiens über die Phantasie – zugleich die Andersheit dieser Anderswelt selbst, weshalb sie auch in ihrer Unnahbarkeit zugleich einer Anderswelt innerhalb dieser Anderswelt zugeordnet werden: Valinor. Die *Zwerge* (um auch zu ihnen etwas zu sagen) stammen geradewegs aus den Märchen, wo sie gewiss keine in sich konsistente Population bilden: Weil man sich nicht vorstellen kann, wie sie leben – mit Weib und Kind –, werden sie nur auf Reisen gezeigt. Auch die *Orks* können, weil sie von der Allegorie des Bösen affiziert sind, schlechterdings nicht als eine sich reproduzierende, funktionierende Gemeinschaft vorgestellt werden. Gewiss können wir auch die Perspektive der unsterblichen *Zauberer* nicht einnehmen und uns nicht in die Lebensweise der *Ents* oder von Gwaihir, dem sprachfähigen Fürsten der Adler versetzen. Und schließlich ist da noch Tom Bombadil, erklärtermaßen ein Fremdkörper in dieser Welt und zugleich ihr Nabel. Aber gibt es nicht noch die Menschen? Gewiss, die Menschen gibt es – aber an die brauchen wir ja nicht zu *glauben*. An das andere glauben wir, weil wir verzaubert sind.

Eukatastrophe. Die *Fantasy*-Welt ist also eine Anderswelt, die *als Welt* anders funktioniert als unsere Welt, insofern sie eine Ausgeburt der Phantasie ist. Sie besitzt grundlegende strukturelle Eigenschaften, die unsere Welt nicht besitzt. Zu ihnen gehört, was man „Sinntransparenz“ genannt hat: „Auf allen Ebenen zwischen allen Elementen der Welt werden Beziehungen hergestellt, so dass der Heterokosmos zu einer sinntransparenten Welt wird. Alles sich im Vordergrund Abspielende verweist auf einen hinter den Dingen liegenden Sinn.“[220] Barbara Einhaus verweist auf den von Todorov verwendeten Begriff der „Pan-Signifikation“[221], um diese Sinntransparenz zu beschreiben. Das, was auf der Oberfläche der Welt wahrnehmbar ist, stimmt zusammen mit dem, was es bedeutet. Es entsteht jene viel geschmähte „sinnvoll und harmonisch gestaltete Kosmologie“[222], in der beispielsweise die bösen Wesen hässlich sind, in der die Sprachen und die Namen die Wesen charakterisieren, in der sich das Krankmachende im Geruch ankündigt und die destruktive Kraft des Bösen sich in einer Zerstörung der Landschaft niederschlagen muss. Noch bei den wenigen Figuren, die sich erst im Laufe der Handlung als etwas anderes erweisen als sie zu sein schienen (Boromir, Saruman, Schlangenzunge, Denethor), muss sich ihre Zukunft in lesbaren Zeichen von Anfang an angedeutet haben. Diese Sinntransparenz, die *zur Logik* der Phantasie gehört, ist ein wesentlicher Grund dafür, dass die Anderswelt zur Allegorie und zur Reichsbildung tendiert. Die Sekundärwelt trägt eben die Signatur ihres allmächtigen Schöpfers.

Auf der Ebene der erzählten Geschichte (des Mythos) kondensiert sich diese Signatur in der *Eukatastrophe*. Mit dieser Wortschöpfung Tolkiens (die dank eines Adepten einen eigenen *Wikipedia*-Artikel erhalten hat) wird eine unvorhersehbare Wendung zum Guten in höchster Gefahr bezeichnet. Tolkien hat diesen Begriff in *Über Märchen* geprägt:

> Doch der Trost des Märchens hat noch einen anderen Aspekt als die phantastische Befriedigung uralter Wünsche. Sehr viel

[220] Einhaus: *The Lord of The Rings*. Logik der kreativen Imagination, S. 119.

[221] Einhaus: *The Lord of The Rings*. Logik der kreativen Imagination, S. 119; Vgl. Todorov: Einführung in die phantastische Literatur, S. 108.

[222] Einhaus: *The Lord of The Rings*. Logik der kreativen Imagination, S. 120.

> wichtiger ist der Trost, den der *glückliche Ausgang* gewährt. Fast möchte ich die Behauptung wagen, daß jedes vollständige Märchen glücklich enden muß. Zumindest will ich aber sagen, daß die Tragödie die echte Form des Dramas ist, sein höchster Zweck; und das Gegenteil gilt vom Märchen. Da wir für dieses Gegenteil offenbar kein Wort besitzen, möchte ich es *Eukatastrophe* nennen. Die *eukatastrophische* Erzählung ist die echte Form des Märchens und sein höchster Zweck. (ÜMä 125)

Es ist ein Eingriff von oben, der die eukatastrophische Wendung bewirkt, der aber nicht als ein Eingriff von oben *ausgewiesen* ist. Die Gattungsbestimmung, die mit Hilfe dieses Begriffes erfolgt, impliziert eine theologische Dimension. In einem Brief Tolkiens an seinen Sohn Christopher wird dies explizit. Tolkien kommt hier auf Geschichten von Wunderheilungen in Lourdes zu sprechen und schildert den Fall eines sterbenskranken, in Lourdes *nicht* geheilten Jungen, der bei Abfahrt des Zuges, gerade als „die Grotte in Sicht" kommt, plötzlich aufsteht, Hunger hat und gesundet. Dieser „unverhofft glückliche[ ] Ausgang", so Tolkien, habe bei ihm eine Empfindung ausgelöst, „anders als jede andere Empfindung" – diese Wendung sei eben das, was er im „Märchen-Aufsatz" als Eukatastrophe bezeichnet habe. Und er nennt die „Auferstehung [...] die größtmögliche ‚Eukatastrophe' in dem größten aller Märchen". In ihr wie auch „in den kleineren christlichen Wundern" handle es sich um das kurze „Aufblitzen der Wahrheit hinter der scheinbaren Ananke", dem unpersönlichen Schicksal: „ein Lichtstrahl, der durch die Ritzen dieser Welt um uns hindurchfällt".[223]

Die ‚frohe Botschaft', die den Glauben festigt, lässt sich in anderer Pointierung auch im *Herrn der Ringe* wiederfinden, und Tolkien selbst kommt weiter unten in seinem Brief auf Frodo am Schicksalsberg zu sprechen. Was im Rahmen der Frage nach dem Verhältnis von Macht und Phantasie zu interessieren hat, ist freilich nicht der christliche Hintergrund, sondern es sind die erzählstrategischen Konsequenzen in einer von einem Transzendenzmangel gekennzeichneten Geschichte. Tolkiens Katholizismus tut nichts zur Sache, insofern durch die Definition der *Fantasy* als einer von einem Autor geschaf-

[223] Tolkien: Briefe, S. 134ff. (Nr. 89).

fenen Sekundärwelt die Metaphorik vom allmächtigen Schöpfergott ohnehin in der Welt ist.[224]

Gewiss ist jedenfalls, dass in den späteren Kommentaren der Beteiligten zum Geschehen am Schicksalsberg nichts davon zu hören ist, dass in ihm ein Lichtstrahl der Wahrheit durch die Ritzen dieser Welt falle. Ruhm und Preis gilt – ganz immanent – nur den Hobbits, und niemandem sonst. (HdR III, 305) Keinem Gott wird gedankt. Was niemand erwarten konnte und zu hoffen wagte, ist wahr geworden. Zwei kleine Hobbits haben die Welt vor dem Sieg des Bösen bewahrt.

Der Plan Gandalfs, Frodo mit einigen Gefährten auf diesen Weg zu schicken, wird in Elronds Rat von Erestor zunächst mit dem Etikett „Verzweiflung", wenn nicht sogar „Torheit" versehen. Dass das Gelingen des Plans außerordentlich unwahrscheinlich ist, wird von Gandalf ohne weiteres zugestanden, Verzweiflung könne aber nur jene ergreifen, „die das Ende unzweifelhaft erblicken. Das tun wir nicht." (HdR I, 372) Gandalf redet hier zwar nicht geradezu dem Wunder das Wort, aber doch beinahe. Zum einen besteht der Plan in einer Handlungsweise, die dem berechnenden Verstande, dessen einziger „Maßstab" das „Streben nach Macht" ist, unzugänglich bleibt. (HdR I, 372) Insofern rechnet Gandalf mit dem berechnenden Verstand des Bösen. Darüber hinaus rechnet er aber – unter der Hand – auch damit, dass etwas eintreten mag, was sich aller Berechnung entzieht: Es wurde bereits ausgeführt, dass an keiner Stelle die absehbare Unmöglichkeit thematisiert wird, dass Frodo, wenn der Plan gelingt, den Ring freiwillig der Vernichtung überantwortet. Auf dem Weg zum Schicksalsberg darf Frodo nichts in die Quere kommen; wenn er am Schicksalsberg ist, *muss* ihm etwas in die Quere kommen.

In allen Erzählungen mit siegreichen Helden vollbringt der Held das scheinbar Unmögliche und scheint gegen den Tod gefeit zu sein. Wir wissen: Er *darf* nicht sterben, *um* seine Aufgabe erfüllen zu können. Ein solches Wissen

---

[224] Man könnte daher auch sagen, dass es sich um einen literarisierten Schöpfergott handelt, der ein Gefühl hat für die Dramaturgie von Geschichten: „Warum muß der Ring gerade in dem Augenblick vernichtet werden, wo vor den Toren die Schlacht zwischen Gut und Böse auf des Messers Schneide steht? Doch Tolkiens Gott ist ein Schöpfer von Geschichten; anders ergäbe das ganze Konzept des Autors als ‚sub-creator', das Tolkien in *On Fairy-Stories* vorbringt, keinen Sinn." (Pesch: Fantasy, S. 131f.)

erblickt hinter der offenbaren Welt die *finale* Motivation, die „Motivation von hinten"; das ‚realistische' Erzählen kann einen hohen Aufwand treiben, um durch ein dichtes Geflecht von psychologischen und sonstigen Kausalitäten – durch eine gründliche „Motivation von vorne" – diesen Umstand vergessen zu machen.[225] Das ist notwendig, um das Unwahrscheinliche glaubhaft zu machen. Weil Tolkien als dem Schöpfer einer *Fantasy*-Welt alles an diesem Glauben gelegen sein muss, bemüht er sich – während das Märchen die Motivation von hinten ganz unbekümmert durchscheinen lässt – nicht weniger als der ‚realistische Roman' darum, ausführlich zu plausibilisieren, wie zum Beispiel Frodo und Sam das Unwahrscheinliche gelingt. Das „mythische Analogon", das sich in der Motivation von hinten ausprägt, lässt alles Einzelne der dargestellten Welt „in einer eigentümlichen Gebundenheit an einen übergreifenden Zusammenhang" erscheinen.[226] Die Anderswelt der *Fantasy* ist eine Schöpfung, in der das mythische Analogon immer wieder – auch in der ‚Sinntransparenz' – durchscheint, aber auch immer wieder überschrieben und überdeckt werden muss. Nur vor diesem Hintergrund macht die Kategorie der Eukatastrophe Sinn: Keineswegs darf sich der Schöpfer als *deus ex machina* betätigen und seine Allmacht unter Beweis stellen.

Was am Schicksalsberg geschieht, ist die folgerichtige Lösung eines komplexen Problems. Weder kann Frodo der ‚Logik der Geschichte' nach selbst in der Lage sein, den Ring zu vernichten, noch kann eine höhere Macht eingreifen, um das Werk zu vollbringen. Folglich muss es ein lang vorbereiteter Zufall sein, der die Eukatastrophe bewirkt: Gollum beißt Frodo den Finger ab, an dem der Ring steckt, und fällt im Übermut in den Schlund des Schicksalsbergs. Das gute Ende kann Niemandes *Werk* sein. Man kann sich gleichwohl die Frage vorlegen, ob dieser Zufall notwendig war. Und wer konnte diesen Zufall denn vorhersehen?

Solche Fragen scheinen nun genau aus der unzulässigen Vermischung der innerfiktionalen und der außerfiktionalen Ebene zu entstehen, die mit den Begriffen „Motivation von vorne" und „Motivation von hinten" angezeigt sind.

---

[225] Diese Begriffe hat Clemens Lugowski in einer wegweisenden Untersuchung von 1932 mit dem Titel *Die Form der Individualität im Roman* eingeführt. Vgl. auch Ajouri: Erzählen nach Darwin, S. 24ff.

[226] Lugowski: Die Form der Individualität im Roman, S. 13.

Es ist aber zu zeigen, dass diese Vermischung für die Gattung *Fantasy* konstitutiv ist. Der Schöpfer der Anderswelt muss sich in gewisser Weise selbst vergessen können, um seiner Allmacht zu entsagen. Er muss auf dem ‚Balken' zwischen Macht und Phantasie insistieren. Wie das geht, kann abschließend an einem späten Briefentwurf Tolkiens vor Augen geführt werden, der sich ganz der Diskussion der Eukatastrophe am Schicksalsberg widmet.

Zunächst erklärt Tolkien: „Aus der Sicht des Erzählers folgen die Ereignisse am Schicksalsberg einfach der Logik der Geschichte bis zu diesem Augenblick. Sie wurde nicht bewusst vorbereitet und vorhergesehen, solange sie nicht eingetreten waren." Tolkien behauptet also, in derselben Position zu sein wie Gandalf: Die ‚Logik der Geschichte' besteht in der Ausführung von dessen Plan unter den Bedingungen einer sorgfältigen Motivierung von vorne mitsamt einer Entfaltung der konfliktgeladenen Konstellation zwischen Frodo, Sam und Gollum. Auf seinen empirischen Schreibprozess Bezug nehmend, merkt Tolkien an dieser Stelle noch an, er habe von den Ereignissen in den Schicksalsklüften zwar im Laufe seiner Arbeit am Roman vorab „mehrere Skizzen und Probefassungen" erstellt, „aber keine davon wurde dann verwendet, und keine hatte viel Ähnlichkeit mit dem, was in der fertigen Geschichte berichtet wurde". Es ließen sich also offenbar verschiedene Versionen des glücklichen Ausgangs – der Eukatastrophe – denken. Tolkien fügt hinzu: „Aber eines wurde schließlich ganz klar, nämlich, daß Frodo nach allem, was geschehen war, unfähig sein würde, den Ring willentlich zu vernichten."[227] Tolkien gibt also zumindest vor, es seinen Figuren eine Zeit lang in der Beherzigung des Rats von Elrond gleichgetan zu haben, nicht ‚zu weit in die Zukunft zu schauen'. Die Gründe, aus denen diese ‚Randbedingung' für die Eukatastrophe klar wird, sind aber solche, die den Figuren – insbesondere natürlich Frodo – ebenfalls klar sein konnten, wenn sie zu weit in die Zukunft schauten (die Randbedingung ergibt sich ja aus ‚allem, was geschehen war').

Wie den Figuren, so ist auch dem Autor eigenem Bekunden nach nicht klar, wie die Sache ausgehen kann. Er kann die Geschichte in seiner Phantasie-Welt nur zu Ende erzählen, wenn er vergisst, dass er die Macht hat, sie nach seinem Gutdünken zu Ende zu erzählen. Er muss, mit anderen Worten, an die Geschichte *glauben* und sich der *Logik* der Geschichte *unterwerfen*.

[227] Tolkien: Briefe, S. 425 (Nr. 246).

Die von Coleridge geforderte „willing suspension of disbelief", auf die Tolkien in *Über Märchen* Bezug nimmt, wenn er den *„literarischen Gauben"* an eine Zweitschöpfung beschreibt (ÜMä 90), gilt für den Autor ebenso wie für die Leser. Tolkien selbst würde vielleicht sagen: Die Phantasie verzaubert nur, wenn der Autor vergisst, dass er über einen Zauberstab verfügt. Dies betrifft natürlich ein sehr allgemeines und oft beschriebenes Verhältnis, das der Romanautor in den Zeiten der ‚transzendentalen Heimatlosigkeit' der Gattung zu seinen Figuren entwickeln darf. In der *Fantasy* dehnt es sich gewissermaßen auf die ganze Welt aus.

Tolkiens Briefe zeigen immer wieder, wie weit er seinen Unglauben willentlich zu suspendieren in der Lage ist. In dem besagten Briefentwurf beschäftigt er sich unter anderem noch genauer als im *Hern der Ringe* mit den Gedanken, die Sauron durch den Kopf gegangen sind, als Frodo den Ring als sein Eigentum reklamierte: „Als Sauron erkannte, wem der Ring in die Hände gefallen war, lag seine einzige Hoffnung in der Macht des Ringes: daß der Beanspruchcr unfähig sein würde, ihn loszulassen, bis Sauron Zeit hätte, sich mit ihm zu befassen."[228] Während im Roman die affektiven Folgen von Frodos Deklaration für Sauron wortreich ausgemalt werden, beschäftigt sich Tolkien hier mit den daraus resultierenden Handlungsoptionen. Das führt zu Erwägungen darüber, was geschehen wäre, wenn Gollum nicht das Werkzeug geworden wäre, das in die Quere kommt. „Es ist ein interessantes Problem, wie Sauron sich verhalten oder der Beanspruchcr sich gewehrt hätte." So glaubt Tolkien nicht, dass die von Sauron sogleich ausgeschickten Ringgeister „mit Gewalt" hätten gegen Frodo „vorgehen, ihn ergreifen oder gefangen nehmen können". Vielmehr konnte ihr Auftrag nur darin bestehen, Frodo „von der Spalte zu entfernen", etwa indem sie „seinen Befehlen gehorcht oder zum Schein gehorcht" hätten. Denn sobald Frodo „die Macht oder die Gelegenheit verlor, den Ring zu *vernichten*, konnte der Ausgang nicht zweifelhaft sein", auch wenn er im Laufe seiner Queste zu einer „beachtliche[n] Figur" geworden war.[229]

Schließen wir – Tolkien folgend – im Konditional: Das Einzige, was Frodo bei klarem Verstande hätte tun können, wenn er den Ring nicht hätte herge-

[228] Tolkien: Briefe, S. 432 (Nr. 246).

[229] Tolkien: Briefe, S. 432 (Nr. 246).

ben wollen, wäre der Sprung in die Schicksalsklüfte gewesen; andernfalls hätte er „vollkommen versagt“ gehabt.[230] – Auch Gollum wäre, wenn er nicht ausgeglitten wäre, nichts anderes übrig geblieben. – Wenn Frodo jedoch von der Spalte hätte weggelockt werden können, hätten ihm die Ringgeister vielleicht angeboten „sein neues Königreich in Augenschein zu nehmen.“ – „Diese ‚Unterwürfigkeit', denke ich, hätten sie ihm bezeigt.“ – Zu diesem Zeitpunkt „hätte Frodo sich wahrscheinlich schon zu weit in große Pläne zu einer Reformherrschaft“, in Machtphantasien also, eingelassen. – Später wäre dann freilich Sauron selbst erschienen, und bei der „Konfrontation Frodos mit Sauron“ wäre Frodo „vollkommen überwältigt worden, zu Staub zermalmt oder als winselnder Sklave am Leben gelassen“, denn der Ring gehörte Sauron und „gehorchte seinem Willen“.[231] So weit und noch weiter – über die Eukatastrophe hinaus – reichen die Macht der Phantasie und die Phantasie von der Macht.

[230] Tolkien: Briefe, S. 432 (Nr. 246).

[231] Tolkien: Briefe, S. 433 (Nr. 246).

Literatur

Adorno, Theodor W.: Ästhetische Theorie. Frankfurt a.M. 1970.

Ajouri, Philip: Erzählen nach Darwin. Die Krise der Teleologie im literarischen Realismus. Berlin, New York 2007.

Alexis, Willibald: The Romances of Walter Scott. In: Jahrbücher der Literatur. Bd. XXII (1823), S. 1-75.

Bachtin, Michail: Probleme der Poetik Dostoevskis. Frankfurt a.M., Berlin, Wien 1985.

Beier, Barb: Bombadil Discovered [http://tolkien.cro.net/else/bbeier.html]. 1996.

Benjamin, Walter: Der Erzähler. In: Gesammelte Schriften. Frankfurt a.M. 1980, Bd. II.1, S. 438-465.

Bergh, Alexander van de: Mittelerde und das 21. Jahrhundert. Zivilisationskritik und alternative Gesellschaftsentwürfen in J.R.R. Tolkiens *The Lord of the Rings*. Trier 2005.

Bidlo, Oliver D.: Mythos Mittelerde. Über Hobbits, Helden und Geschichte in Tolkiens Welt. Essen 2012.

Bidlo, Oliver D.: Sehnsucht nach Mittelerde? Essen 2013.

Blanchot, Maurice: Das Tier von Lascaux. Übers. von Eleonore Frey. Münster 1999.

Blanchot, Maurice: Der Gesang der Sirenen. Essays zur modernen Literatur. Frankfurt a.M., Berlin 1982.

Blanchot, Maurice: Nachträglich. Die Idylle. Das letzte Wort. Berlin 2012.

Blanckenburg, Christian Friedrich von: Versuch über den Roman. Leipzig und Liegnitz 1774.

Bloch, Marc: Die wundertätigen Könige. München 1998.

Bullock, Richard P.: The Importance of Free Will in *The Lord of the Rings*. In: Mythlore 11/3, Los Angeles 1985, S. 29-58.

Caldecott, Stratford: The Power of the Ring. The Spiritual Vision Behind the Lord of the Rings. London 2005.

Campbell, Joseph: Der Heros in tausend Gestalten. Frankfurt a.M. 1978.

Canetti, Elias: Masse und Macht. Frankfurt a.M. 1980.

Carter, Lin: Imaginary Worlds. The Art of Fantasy. New York 1971.

Carter, Lin: Makers of Worlds. In: Lin Carter (Hg.): New Worlds for Old. New York 1971.

Davies, Martin; Stone, Tony: Folk Psychology and Mental Simulation. In: Anthony O'Hear (Hg.): Contemporary Issues in the Philosophy of Mind. Cambridge u.a. 1998, S. 53-82.

Davison, Scott A.: Tolkien and the Nature of Evil. In: Gregory Bassham, Eric Bronson (Hg.): *The Lord of the Rings* and Philosophy. One Book to Rule Them All. Chicago, La Salle 2003, S. 99-109.

Doležel, Lubomír: Heterocosmica. Fiction and Possible Worlds. Baltimore 1998.

Einhaus, Barbara: *The Lord of The Rings*. Logik der kreativen Imagination. München 1986.

Engels, Jens Ivo: Das „Wesen" der Monarchie? Kritische Anmerkungen zum „Sakralkönigtum" in der Geschichtswissenschaft. In: Majestas Nr. 7 (1999), S. 3-39.

Ewers, Hans-Heino: Fantasy – Heldendichtung unserer Zeit. Versuch einer Gattungsdifferenzierung. In: Zeitschrift für Fantastikforschung 1/2011, S. 5-23 [zit. nach: http://user.uni-frankfurt.de/~ewers/].

Ewers, Hans-Heino: Überlegungen zur Poetik der Fantasy. In: Perspektiven der Kinder- und Jugendmedienforschung (2011), S. 131-149.

Flieger, Verlyn: Splintered Light. Logos and Language in Tolkien's World. 2. Aufl. Kent 2002.

Foucault, Michel: Die Ordnung der Dinge. Eine Archäologie der Humanwissenschaften. Frankfurt a.M. 1980.

Foucault, Michel: Der Wille zum Wissen. Sexualität und Wahrheit Bd. 1, Frankfurt a.M. 1983.

Freud, Sigmund: Der Dichter und das Phantasieren. In: Studienausgabe. Bd. X, Frankfurt a.M. 2000, S. 169-179.

Freud, Sigmund: Die Traumdeutung. Studienausgabe. Bd. II, Frankfurt a.M. 2000.

Genette, Gérard: Paratexte. Das Buch vom Beiwerk des Buches. Frankfurt a.M. 1989.

Girard, René: Das Heilige und die Gewalt. Frankfurt a.M. 1994.

Gray, Thomas: The Bureaucratization in *The Lord of the Rings*. In: Mythlore 7/2. Los Angeles 1980, S. 3-5.

Habermas, Jürgen: Vorbereitende Bemerkungen zu einer Theorie der kommunikativen Kompetenz. In: Jürgen Habermas, Niklas Luhmann (Hg.): Theorie der Gesellschaft oder Sozialtechnologie – Was leistet die Systemforschung? Frankfurt a.M. 1971, S. 101-141.

Hargrove, Gene: Who is Tom Bombadil? [http://www.cas.unt.edu/~hargrove/bombadil.html], 1996.

Heidegger, Martin: Sein und Zeit. 14. Aufl. Tübingen 1977.

Husserl, Edmund: Phantasie, Bildbewusstsein, Erinnerung. In: Gesammelte Werke Bd. XXIII, den Haag 1980.

Iser, Wolfgang: Das Fiktive und das Imaginäre. Perspektiven literarischer Anthropologie. Frankfurt a.M. 1991.

Jannidis, Fotis: Figur und Person. Beiträge zu einer historischen Narratologie. Berlin, New York 2004.

Jensen, Steuard: What is Tom Bombadil? [http://tolkien.slimy.com/essays/Bombadil. Html]. 2002

Jolles, André: Einfache Formen. Legende, Sage, Mythe, Rätsel, Spruch, Kasus, Memorabile, Märchen, Witz. 7. Auflage. Tübingen 1999.

Kant, Immanuel: Werke. 6 Bde. Darmstadt 1998.

Kantorowicz, Ernst H.: Die zwei Körper des Königs. Eine Studie zur politischen Theologie des Mittelalters. München 1990.

Kittler, Friedrich A.: Grammophon – Film – Typewriter. Berlin 1986.

Krege, Wolfgang: Handbuch der Weisen von Mittelerde. Stuttgart 1999.

Krause, Arnulf: Die wirkliche Mittelerde. Tolkiens Mythologie und ihre Wurzeln im Mittelalter. Ulm 2012.

Kreeft, Peter: The Philosophy of Tolkien: The Worldview Behind The Lord of the Rings. San Francisco 2005.

Kunkel, Wolfgang: Römische Rechtsgeschichte. Eine Einführung. 7. Aufl. Köln, Wien 1973.

Lacan, Jacques: Die Ausrichtung der Kur und die Prinzipien ihrer Macht. In: Schriften Bd. I, Frankfurt a.M. 1975, S. 171-239.

Laplanche, Jean; Pontalis, J. B.: Das Vokabular der Psychoanalyse, Frankfurt a.M. 1972.

Legendre, Pierre: Das Verbrechen des Gefreiten Lortie. Abhandlung über den Vater. Freiburg 1998.

Legendre, Pierre: Über die Gesellschaft als Text. Grundzüge einer dogmatischen Anthropologie. Wien, Berlin 2012.

Lem, Stanislaw: Phantastik und Futurologie. Bd. I, Frankfurt a.M. 1984

Lévi-Strauss: Claude: Das wilde Denken. 10. Aufl. Frankfurt a.M. 1997.

Lotman, Jurij: Künstlerischer Raum, Sujet und Figur. In: Jörg Dünne; Stephan Günzel (Hg.): Raumtheorie. Grundlagentexte aus Philosophie und Kulturwissenschaften. Frankfurt a.M. 2006, S. 529-543.

Lugowski, Clemens: Die Form der Individualität im Roman. Frankfurt a.M. 1976.

Lukacs, Georg: Die Theorie des Romans. Ein geschichtsphilosophischer Versuch über die großen Formen der Epik. München 2000.

Mauss, Marcel: Theorie der Magie/Soziale Morphologie. Frankfurt a.M. Berlin, Wien 1978.

McIntosh, Jonathan: The Flame Imperishable. A blog about Tolkien, St. Thomas, and other purveyors of the Philosophia Perennis [http://jonathansmcintosh.wordpress.com/].

Mikos, Lothar; Eichner, Susanne; Prommer, Elisabeth; Wedel, Michael: Die *Herr der Ringe*-Trilogie. Attraktion und Faszination eines popkulturellen Phänomens. Konstanz 2007.

Münkler, Herfried: Imperien. Die Logik der Weltherrschaft – vom Alten Rom bis zu den Vereinigten Staaten. 2. Aufl. Berlin 2008.

Nester, Holle: Shadows of the Past. Darstellung und Funktion der geschichtlichen Sekundärwelten in J.R.R. Tolkiens *The Lord of the Rings*, Ursula K. Le Guins *Earthsea-Tetralogy* und Patricia McKillips *Riddle-Master-Trilogy*. Trier 1993.

Niehaus, Michael: Das Buch der wandernden Dinge. Vom Ring des Polykrates bis zum entwendeten Brief. München 2009.

Niehaus, Michael: Dinge der Macht. Der *Ring des Nibelungen* und der *Herr der Ringe*. In: Zeitschrift für Germanistik 1/2012, S. 72-88.

Niehaus, Michael: Logik des Ratgebens. Eine Standardversion zur Beschreibung eines Typs von Sprechaktsequenzen. In: Michael Niehaus, Wim

Peeters (Hg.): Rat geben. Zu Theorie und Analyse des Beratungshandelns. Bielefeld 2014, S. 9-65.

Niehaus, Michael: Das Verhör. Geschichte – Theorie – Fiktion. München 2003.

Nietzsche, Friedrich: Die fröhliche Wissenschaft. In: Werke. Bd. 3. München, Wien 1980.

Nikolajewa, Maria: The Magic Code. The Use of Magic Patterns in Fantasy for Children. Stockholm 1988.

Orwell, George: Nineteen Eighty-Four. With a Critical Introduction and Annotations by Bernard Crick. Oxford 1984.

Pavel, Thomas G.: Fictional Worlds. Cambridge, London 1986.

Pesch, Helmut W.: Fantasy. Geschichte und Theorie einer literarischen Gattung [Diss. 1982]. E-Book-Ausgabe, o.O. 2009.

Pesch, Helmut W.: Die Gestalt von Arda. Eine geographische Fiktion. In: Ders.: Das Licht von Mittelerde. Aufsätze und Vorträge. Passau 1994, S. 129-140.

Pesch, Helmut W.: Die Wurzel des Bösen. Zum Begriff der „possessiveness" bei Tolkien. In: Oliver Bidlo, Julian Ellmann, Frank Weinreich (Hg.): Zwischen den Spiegeln. Neue Perspektiven auf die Phantastik. Essen 2011, S. 170-180.

Petzold, Dieter: J.R.R. Tolkien. Leben und Werk. Eggingen 2004.

Plank, Robert: The Scouring of the Shire. Tolkien's View on Fascism. In: Jared Lobdell (Hg.): A Tolkien Compass. La Salle 1975, S. 107-115.

Pratchett, Terry: Einfach göttlich. Ein Roman von der bizarren Scheibenwelt. München 1995.

Prestel, Marco: Wundersame Wirrnis: Eine Einführung in die Theorie der phantastischen Kinder- und Jugendliteratur und die Poetik der Fantasy, in: Gunda Maibäurl u.a. (Hg.): Kinderliterarische Mythen-Translation: Zur Konstruktion phantastischer Welten bei Tove Jansson, C.S. Lewis und J.R.R. Tolkien, Wien 2013, S. 25-54.

Rohleder, Hermann: Die Masturbation. Paderborn 2013 [Nachdruck der Ausgabe von 1902].

Schiller, Friedrich: Über naive und sentimentalische Dichtung. Stuttgart 2002.

Schneidewind, Friedhelm: Das große Tolkien-Lexikon. Berlin 2001.

Schneidewind, Friedhelm: Mein Mittelerde. Artikel und Essays zu Tolkien und seinem Werk. Essen 2011.

Schneidewind, Friedhelm; Steimel, Heidi (Hg.): Musik in Mittelerde. Saarbrücken 2012.

Searle, John R.: Sprechakte. Ein sprachphilosophischer Essay. Frankfurt a.M. 1971.

Servos, Stefan: *Ilúvatar, steh und bei!* Gnostiker in Mittelerde – Laientheologische Gedanken über Religion in J.R.R. Tolkiens Legendarium. In: Oliver Bidlo, Julian Ellmann, Frank Weinreich (Hg.): Zwischen den Spiegeln. Neue Perspektiven auf die Phantastik. Essen 2011, S. 146-170.

Shippey, Tom: J.R.R. Tolkien. Autor des Jahrhunderts. Stuttgart 2002.

Siegert, Bernhard: Der Untergang des römischen Reiches. In: Hans Ulrich Gumbrecht, K. Ludwig Pfeiffer (Hg.): Paradoxien, Dissonanzen, Zusammenbrüche. Situationen offener Epistemologie. Frankfurt a.M. 1991, S. 495-514.

Simmel, Georg: Exkurs über Treue und Dankbarkeit. In: Frank Adloff, Steffen Mau (Hg.): Vom Geben und Nehmen. Zur Soziologie der Reziprozität. Frankfurt a.M. 2005, S. 95-109.

Thürnau, Donatus: Gedichtete Versionen der Welt. Nelson Goodmans Semantik fiktionaler Literatur. Paderborn 1994.

Todorov, Tzvetan: Einführung in die phantastische Literatur. München 1972.

Tolkien, J.R.R.: Die Abenteuer von Tom Bombadil. Stuttgart 1984.

Tolkien, J.R.R.: Beowulf. Die Ungeheuer und ihre Kritiker. In: Ders.: Gute Drachen sind rar. Drei Aufsätze. Aus dem Englischen von Wolfgang Krege. Stuttgart 1983, S. 141-214. [Beo]

Tolkien, J.R.R.: Briefe. Hg. von Humphrey Carpenter. Stuttgart 1991.

Tolkien, J.R.R.: Das Buch der verschollenen Geschichten. 2. Bde. Herausgegeben von Christopher Tolkien. Aus dem Englischen von Hans J. Schütz. Stuttgart 1999. [BvG]

Tolkien, J.R.R.: The Lord of the Rings. London 2007. [LotR]

Tolkien, J.R.R.: Der Herr der Ringe. 3 Bde. Aus dem Englischen übersetzt von Margaret Carroux. Stuttgart o.J. [HdR]

Tolkien, J.R.R.: Das Silmarillion. Aus dem Englischen von Wolfgang Krege. Stuttgart 1978. [Sil]

Tolkien, J.R.R.: Über Märchen. In: Gute Drachen sind rar. Drei Aufsätze. Aus dem Englischen von Wolfgang Krege. Stuttgart 1983, S. 51-140. [ÜMä]

Tolkien, J.R.R.: On Fairy-Stories. In: The Monster and the Critics and Other Essays. London 1983, S. 109-162. [OFS]

Tolkien, J.R.R.: Der kleine Hobbit. Aus dem Englischen von Walter Scherf. München 1974. [Hob]

Waggoner, Diana: The Hills of Faraway. A Guide to Fantasy. New York 1978.

Weber, Max: Wirtschaft und Gesellschaft. Grundriss der verstehenden Soziologie. Studienausgabe. Hg. von Johannes Winckelmann. Köln, Berlin 1964.

Weinreich, Frank: Fantasy. Einführung. Essen 2007.

Ausgewählte Veröffentlichungen aus dem Oldib Verlag

Friedhelm Schneidewind: **Mythologie und phantastische Literatur.**

Friedhelm Schneidewind: **Mein Mittelerde. Artikel und Essays zu Tolkien und seinem Werk.**

Oliver Bidlo: **Mythos Mittelerde. Über Hobbits, Helden und Geschichte in Tolkiens Welt.**

Oliver Bidlo: **Sehnsucht nach Mittelerde?**

Oliver Bidlo, Julian Eilmann, Frank Weinreich: **Zwischen den Spiegeln. Neue Perspektiven auf die Phantastik.**

Einführungen

Frank Weinreich: **Fantasy.** Einführung

Patrick Peters: **Edda.** Einführung

Anja Stürzer: **Shakespeare.** Einführung

Alexander Berens: **Europa.** Einführung

Oliver Bidlo: **Vilém Flusser.** Einführung

Meinhard Saremba: **Oper.** Einführung

Norbert Schröer: **Interkulturelle Kommunikation.** Einführung

Armin Staffler: **Augusto Boal.** Einführung

Thepakos+

Interdisziplinäre Zeitschrift für Theater und Theaterpädagogik

Nähere Informationen, weitere Bücher und Bestellmöglichkeiten finden Sie unter **www.oldib-verlag.de** oder schreiben Sie einfach an: **info@oldib-verlag.de**